税理士 井ノ上陽一

小さな会社にお金を残す87のノウハウ

リモート経理 完全マニュアル

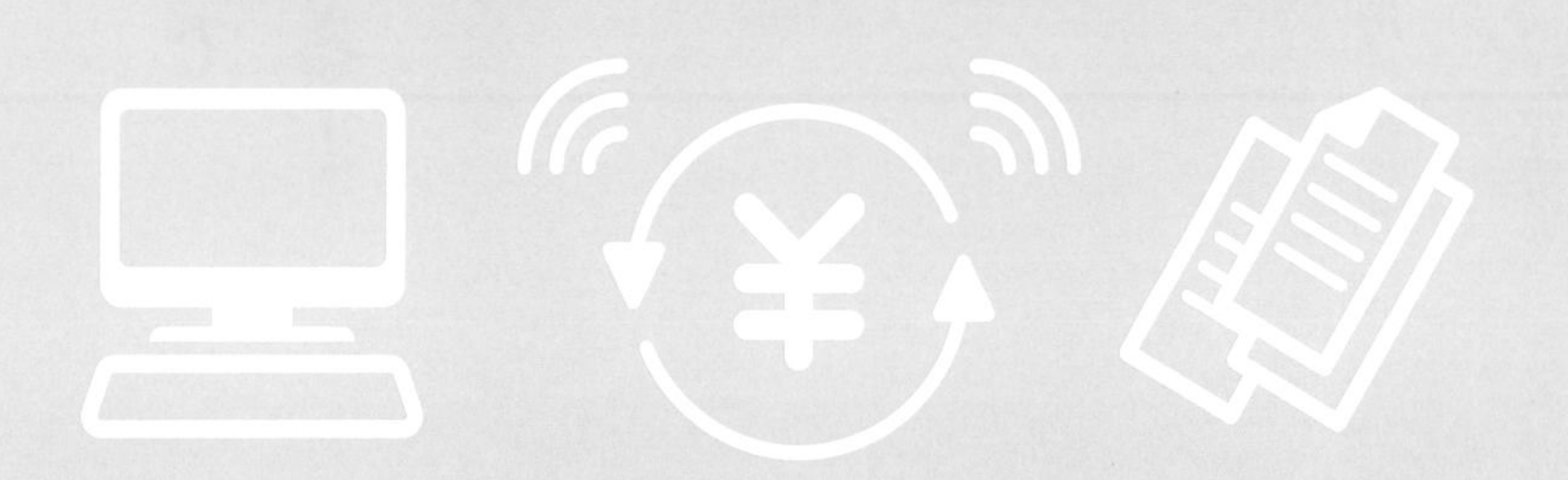

ダイヤモンド社

はじめに

経費精算から決算まで出社ゼロで全部できる！

突然ですが、質問です。
あなたは次の理由でわざわざ出社していませんか？

- 経費精算
- FAXの注文書対応
- 請求書の作成と発送
- 書類の押印
- 銀行振込業務

2020年、新型コロナウイルスのまん延で社会は劇的に変化しました。出社を前提としない働き方、リモートワークもその1つです。

しかし経理はどうでしょう。この非常事態の中でも「経費精算」「請求書の作成」のために出社を強いられている人が多くいます。**「会社に行かなければ仕事が回らない」という思い込みは強烈**です。

生き残りをかけた厳しい時代、大切な時間をムダにしていては、あなたの会社も早晩潰れてしまうかもしれません。

リモート経理は難しくない

私は**「経理業務の効率化」「会計とＩＴの融合」を得意とする税理士**です。Excelによる業務管理システムの導入とペーパーレス化の推進により、クライアントの「年間２４０時間分の業務」を削減したこともあります。クラウド会計ソフトや給与計算ソフトの導入支援などにより、リモート経理導入のサポートも行っています。
もう10年以上前から、次のようなニーズに応え続けてきました。

- めんどくさい経理を効率化したい
- ペーパーレス化を推進したい
- どこでも経理業務ができるようにしたい

「リモート経理」というと、大がかりなシステムをとり入れる、経営コンサルタントの指導など、莫大なお金と手間がかかると思われるかもしれません。

でも、それは大間違いです。リモート経理は、

①ノートパソコン
②インターネット環境
③クラウド会計ソフト

この三種の神器さえあれば実行できます。今やハンコがいらないケースも多く、請求書や領収書も紙である必要はありません。PDFデータでOKです。

可能な限りお金をかけないリモート経理のやり方があるなら、知りたいと思いませんか。

リモート経理が「安全」な合理的な理由

リモート経理というと、「セキュリティは大丈夫か?」と騒ぎ立てる社長がいます。

私はその社長にこう伝えています。

リモート経理だから危ないのではなく、**リモート経理だからこそ安全**なのです。

- 会社に置いてある書類は本当に安全か?
- お金を金庫に入れておけば安全か?
- ハンコさえあればトラブルはないか?
- 手書きの書類によって、効率を損なってはいないか?

こんな不安は完全に払しょくできます。今や**安全性と効率性を担保する技術やクラウド会計ソフトがそろっている**からです。

本書で推奨するクラウド会計ソフトの「freee」は、パスワードやＩＤ、金融機関へのログイン情報等の重要情報を暗号化して保護（保存）します。

また、金融機関と同等のセキュリティレベルの暗号通信を採用するなど、セキュリティ体制も万全。国際的な認証機関「TRUSTe」による認証も取得し、安全性と効率性が担保されているのです。

「速い・安い・安全」リモート経理は一石三鳥

リモート経理こそが社長、社員が生き残るためのカギ。

このコロナ禍(か)では、成長を目指すだけではなく、ムダを省き、筋肉質な経営を目指さなければいけません。リモート経理を導入できれば、「コスト・働く時間」を劇的に少なくすることができます。このタイミングで導入できれば、コロナ禍がおさまったとしても、会社の財産となるでしょう。

そもそも**経理とは「経営管理」の略称。**

「営業」が会社の攻めを司る剣(つるぎ)なら、「経理」は守りを固める盾(たて)です。右肩上がりの時代はどこの会社も営業重視でしたが、コロナ禍では経理がいっそう重要になりました。

経営のスピードアップに欠かせないのは、経理という羅針盤。「経理は会社でやるもの」ではなく、リモート経理により「いつでも・どこでも・誰でも」経理業務ができるようにしましょう。

「今月の売上はいくら？」「経費はどのくらいかかった？」「異常値は？」

リモート経理ならこれらを素早くキャッチでき、経営の意思決定が劇的に速くなります。

経費精算のためにわざわざ出社していては、時間とお金をドブに捨てているようなもの。会社のお金を守りたいなら、何よりもまず、リモート経理をすべきです。

経理を聖域にしない

本書では、「速い・安い・安全」一石三鳥のリモート経理をご紹介します。

社長、経理担当者のみならず、全従業員の方々に読んでいただきたいです。なぜなら、**経理（経理管理）は会社全体でやるものだから**です。

業種別のリモートワーク実施率を見ても、経理は「31％」とホワイトカラー（事務職）の中では低水準です。一方、コンサルタントは74・8％、営業職（法人向け）は47％、総務・人事

経理（経営管理）を見直し、「守り」を固める

は37・1％でした（パーソル総合研究所「第三回・新型コロナウイルス対策によるテレワークへの影響に関する緊急調査」）。

リモートワークが推奨されても、**「経理」は依然〝聖域〟（ブラックボックス）**なのです。

中小企業の経理はブラックボックスだらけ。「誰が、何を、どこまでしているか」を誰も把握できていません。会社の根幹をなす経理がブラックボックスでは、生き残ることなどできません。

だからこそ、先んじて「リモート経理」を導入すれば、他社よりも一気に生産性がアップします。経理を聖域にしてはいけません。

「リモート経理をすでに試したが、生産性は上がらなかった」という方もいらっしゃるでしょう。

要因は「環境が整っていない」「社内の意思統一・コミュニケーション不足」にあります。その対策として、「どういう環境を整えればいいか」「リモート経理ならではのコミュニケーション術」「経理の基本と効率化」についてもとり上げます。

本書をきっかけに、経理と向き合い、会社の守りを見直し、ともに未曾有（みぞう）の危機に立ち向かっていきましょう。

本書の構成と狙い

Q

そもそもリモート経理って便利なの？
手間がかかって、逆に大変そう

詳しくは⬇ **Chapter 1** リモート経理の「7つの**メリット**」

Q

リモート経理に興味はあるけど、
セキュリティが心配

詳しくは⬇ **Chapter 2** リモート経理のほうが実は**安全**

Q

ITに詳しい人間がおらず、
リモート環境なんて作れない

詳しくは⬇ **Chapter 3** リモート経理は**環境**が9割

Q

うちは経理と営業の仲が悪い。
リモートなんて無理だ

詳しくは⬇Chapter 4 リモート経理を効率化する**コミュニケーション**テクニック

Q

経理が複雑化していて、
リモートにしたら大混乱が起きそう

詳しくは⬇Chapter 5 リモート経理で「**集める⬇記録する⬇チェックする**」

Q

リモートにしたら、
経理が適当になりそうで怖い

詳しくは⬇Chapter 6 リモート経理で「**会社の守り**」を固める

「リモート経理」導入フローチャート

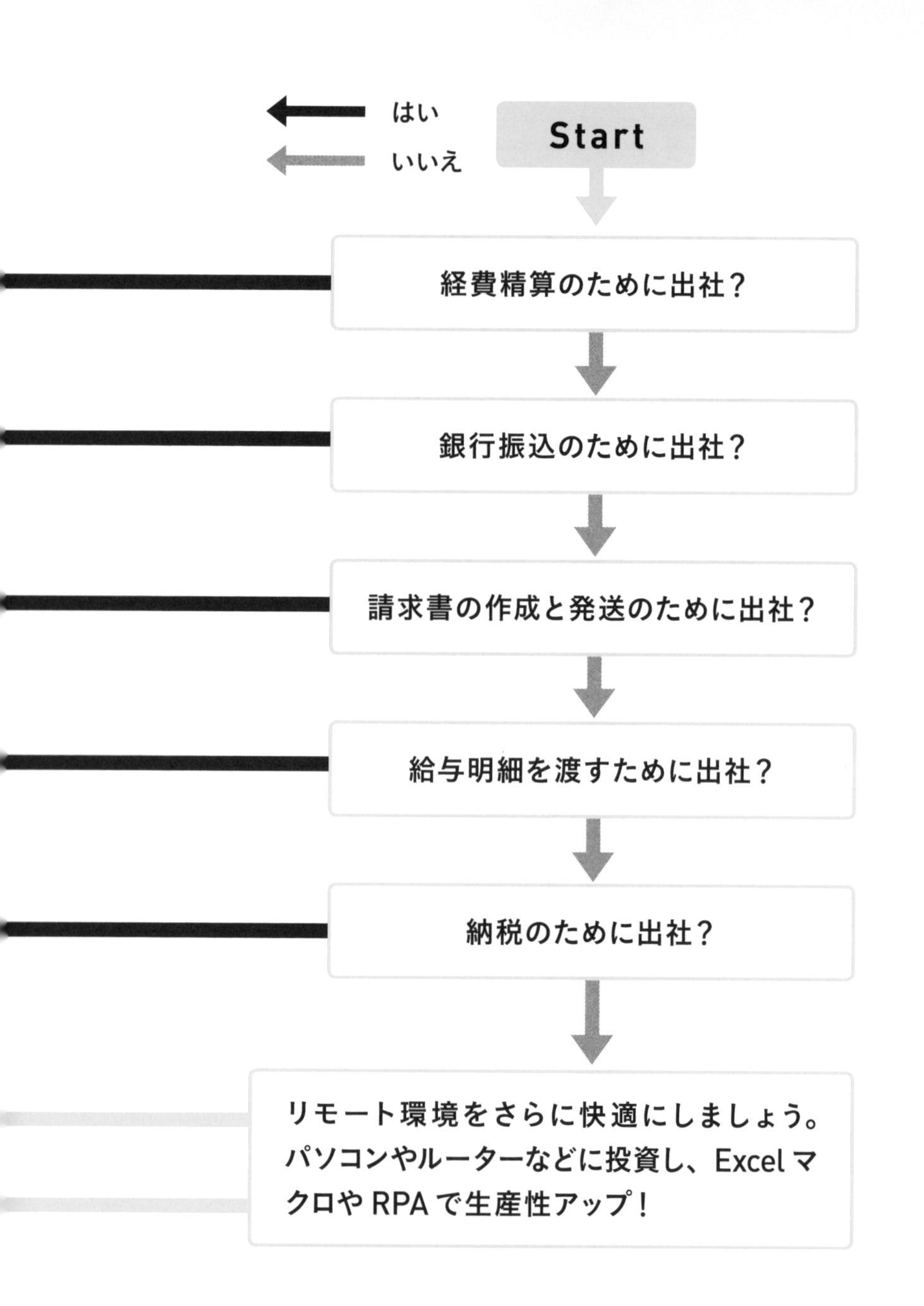

今すぐリモート経理を始めましょう！

P143、165、170
リモートでもかんたんにできる！

P136
自宅からでも振込ができる！

P140、229
作成はもちろん、発送もリモートで！

P151
データ化すれば、みんながラクになる！

P148
実はネットで全部できる！

P061、065、077、087、089、093
パソコンやルーターなどに投資しましょう！

P158、181
Excel マクロや RPA で生産性アップ！

目次

リモート経理完全マニュアル
小さな会社にお金を残す87のノウハウ

Chapter 1

リモート経理の「7つのメリット」

Chapter

リモート経理のほうが実は安全

Chapter 3

リモート経理は環境が9割

Chapter

リモート経理を効率化する **コミュニケーション**テクニック

Chapter 5

リモート経理で「集める➡記録する➡チェックする」

Chapter

リモート経理で「会社の守り」を固める

※本書の内容は、２０２１年１月末日現在の法令にもとづいています

Chapter 1

リモート経理の「7つのメリット」

本章では、リモート経理には、どんなメリットがあるのかについてとり上げます。経理担当者だけではなく、社長、社員、会社全体にメリットがあるものです。このメリットを意識しながら、リモート経理の導入を進めましょう。

Contents

- メリット① 会社のブラックボックスがなくなる
- メリット② 交通費、残業代がなくなる
- メリット③ 紙がなくなり、会社の生産性が上がる
- メリット④ 経理を経営に活かせる
- メリット⑤ 会社がトラブルに強くなる
- メリット⑥ 集中力が高まる
- メリット⑦ 経理を正しく評価できるようになる

Section 01

メリット① 会社のブラックボックスがなくなる

リモート経理の導入には「会社のブラックボックス」をなくすことが欠かせません。

質問です。**経理はブラックボックスになっていませんか?**

次の3つに心当たりはありませんか?

- 経理が何をやっているかわからない
- 経理のことは任せっきりになっている
- 経理から出てきた資料を見ても、よくわからない

経理の内情を社長が理解していない。これは深刻な問題です。

わからない、興味がないからといって、経理担当者に経理を丸投げしてしまうと、経理がブラックボックスとなり、何が起こっているのか把握できなくなります。

「経理を丸投げしても、誰かが実務を担当しているはず。経理部員を信頼しているし、なぜブラック

ボックス扱いになる？」と思われるかもしれません。

しかし、そもそも会社の大切なお金を人に任せてもいいのでしょうか。ブラックボックスを放置することで、経営判断が遅れ、お金や時間が失われてからでは遅すぎます。

ブラックボックスを放置すると……

- 利益が出ているようで実際はそうではなかった
- 払わなくていい税金を払っていた
- 経理が非効率で、ムダな人件費や時間が使われていた
- 経理担当者や、税理士事務所・法人の担当者にミスがあった
- 経理担当者の不正により、お金が失われていた

すべてブラックボックスの影響です。

また、経理でわからないことがあっても、経理担当者に「聞きにくい」ということはありませんか。相手がベテランで厳しい性格だったりすると、遠慮することもあるはずです。

「こんなことも知らないのか」とは思われたくないもの。だからこそ、本書でしっかり勉強しつつ、リモート経理を進めていきましょう。

リモート経理は「どこからでも・誰でもデータを見ることができる」のが前提です。もちろん経理担当者を疑う、監視するわけではありません。

経理の見える化を進めよう

データを共有し、誰でも見ることができる状態にしておくことが大事なのです。

外注しているならまだしも、社内で経理をしているのにブラックボックスがあるのはおかしな話です。何かあれば、責任をとるのは社長。**経理担当者は会社が潰れても転職できますが、社長は違います。** 経理のブラックボックスが会社を潰すこともありえます。

リモート経理によって、「どこからでも・誰でもデータを見ることができる」体制を構築し、会社のブラックボックスをなくしていきましょう。

経理のブラックボックスをなくす

Section
02

月20万～30万円の節約に！

メリット②交通費、残業代がなくなる

リモート経理をすればコストを下げることができます。今、経理にどのくらいのコストがかかっているかを考えてみましょう。

- 経理担当者の給料（残業手当を含む）
- 経理担当者の社会保険料の会社負担分
- 経理担当者の交通費
- 経理担当者の備品
- 経理担当者のためのスペース（オフィス家賃）

リモート経理で減らせるのはなんといっても交通費。

1人月1万円だとすれば年間12万円です。残業代が多くかかっていたとしても、リモート経理によって生産性を高めればなくすこともできます。

経理担当者が多すぎる

もし経理に携わる経理担当者の数を減らすことができれば、人件費は大きく減らせます。減らすといっても、辞めていただくわけではなく、他の仕事を任せるわけです。ときには経理担当者をゼロにもできます。

多くの場合、経理担当者の人数は多すぎます。効率化すれば人はいらないのです。紙、ハンコなどをなくし徹底した効率化をすれば、**経理担当者1人当たり、月20万～30万円を有効に使うことができます。** 具体的に実現できるのは、次のような効果です。

- ネットを使い、役所や銀行に行く手間を省けば、その時間を他のことに使える
- 紙をなくし、データで処理することにより、紙のやりとりを減らせる
- 紙から手入力していたことをネットバンクのデータ連動によりなくすことができる
- 請求書を郵送から、データ送付に変えることで、プリントアウト、封入、投函等の手間がなくなる
- 経費精算システムを入れることで、経費精算にかかる時間を大幅に減らせる

従来のやり方で経理をしていては、ムダが多すぎます。

たとえば、「外出して銀行に行き、待たされて通帳を記帳し、それを持ち帰って通帳を見ながら、紙の伝票を作り、それに上司がハンコを押し、会計ソフトに入れる」ことをやっていた時代もありました。

今は、各種データとネットバンクが連動しているので、会計ソフトをチェックすればいいだけです。外出も紙もハンコもいりません。

同規模・同業種なのに、経理担当者の数が6倍?

経理担当者は真面目でコツコツタイプな方が多く、その反面、変化を嫌います。会計ソフト、Excel、クラウドなどを嫌い、効率化が進まず、かつ経理担当者が多すぎるケースもあるのです。「売上10億円・社員50名」で経理担当者が1人（他の仕事も担当していたので、実質は0・5人）の会社がある一方で、同規模・同業種で経理担当者が6人のケースもありました。

効率化し、経理担当者が2~3人となればその効果は絶大なものでしょう。**他の生産的な業務の人員を増やすこともできます。**もちろん効率化はかんたんなことではありませんが、リモート経理を目指す過程で効率化は欠かせません。

リモート経理で効率化すれば、必ずコストは下がります。

Section 03

どれだけ紙を使っているかチェック！

メリット③ 紙がなくなり、会社の生産性が上がる

紙の仕事を減らさないと、リモート経理は実現できません。会社から紙をなくすには、仕事のやり方を変える必要があります。

ＩＴによる効率化をはじめ、何かを変えようとすると必ず出てくる言葉が**「うちの会社は特殊だから」「うちの業界は特殊だから無理」**です。

これは言い訳に過ぎません。リモート経理でも同様です。特定の人の思い込みだったり、過去の慣習で無理と言っているだけだったりすることがほとんどです。

リモート経理実現のポイントは紙です。経理担当者が紙をさわっているか、紙が山のように積まれていないかを確認しましょう。紙をなくさなければ、リモート経理ではなく、単に「紙を持ち帰って自宅で経理をする」だけになってしまいます。「紙の書類を受けとるために出社」「紙の書類を送るために出社」になりがちです。

製造業の会社で、「うちの業界は紙で請求書を出さなきゃいけない」というケースがありました。ただ、**紙で毎月多くの請求書を出すのは手間もかかり非効率**です。そこで、請求書発行ソフトを使い、

データを入力すれば、先方へ請求書を郵送できるしくみを作りました。業務を効率化しつつ、「紙で請求書を届ける」ことができました。

わざわざ紙を使い、非効率に仕事を進める必要はありません。業界を気にしすぎていると、効率化のチャンスを失います。

「うちの会社は特殊」という言い訳をやめる

また、「うちの会社は特殊だから、この会計ソフトじゃないといけない」というケースもありました。そのソフトは高額で、月5万円ほど。しかし詳細を確認すると、市販のソフト（年5万円ほど）とExcelで代用でき、経理担当者の方と社長に喜んでいただけました。

仮に会社や業界が特殊であるなら、それを汎用的にする方法を考えましょう。物事をシンプルに考えるのです。

こんな「言い訳」はやめましょう

ITは特殊なものを使おうとすると、時間やお金がかかるものです。もし、その会社専用のシステムを作ろうとすると膨大な金額がかかります。汎用的なもの、誰でも使えるものを使って効率化できないか考えてみましょう。メンテナンスや改善もしやすいです。

「特殊」を捨てることが効率化のカギ。ＩＴを選ぶポイントは次の２点です。

①市販されているか（すぐに買えるか）

②無料ですぐ導入できるか（体験版があるか）

資料請求をしなければいけなかったり、代理店を通さなければいけなかったりするものは避けましょう。

大切なのは「効率化するために仕事の流れを変える」ことです。これはリモート経理にもいえます。複雑になった経理をシンプル化することが欠かせません。特例をなくし、シンプルにしないとリモート経理はできないのです。

Section 04

会社全体がスピードアップする

メリット④ 経理を経営に活かせる

リモート経理をやると、かえって時間がかかると思われるかもしれません。「紙のほうがわかりやすい。メールではなく、直接会ったほうがやりやすい」と考える人もいます。しかし、これは間違いです。

- リアル経理だと紙のやりとりになりがち。各々がプリントアウトし、それを持っていき、経理が確認することになり、手間がかかる。リモート経理ならデータを共有・送信するだけ
- リアル経理だと紙の書類を探さなければならない。リモート経理ならデータを検索するだけで瞬時に探せる
- リアル経理だと、すぐに話しかけることができるので、ちょっとしたことも聞いてしまい、双方の時間を失う。リモート経理だとすぐに話しかけられないので、自分で考えるクセがつく。わからないことはメールで確認する習慣が根づく。お互い集中して仕事にとり組めるので、仕事のスピードアップにつながる

紙を使うとスピードが落ちるので、どんどんデジタルにしていきましょう。そして直接会えない分、工夫をしなければいけません。いつも質問していたら、リモート経理はできません。社員全員がわかるようなしくみにしておく必要があります。

「前年の数字」はいつ確定しますか？

経理のスピードが上がれば、経営により活かすことができます。「前月の数字は翌月の中旬にならないとわからない」という話をよく聞きます。これでは手を打つのに遅すぎるのです。数字が出るのが遅い原因とその対策には次のようなものがあります。

- 請求書の到着が遅い→発行を早くしてもらうようにし、それが難しい場合は、概算で入れて、あとで修正する。概算でも大勢に影響はない
- 経費精算が遅い→毎月10日提出であったものを5日提出に変える
- 売上の確定が遅い→営業担当者に早めに入力するよう呼びかけ、月初には確定させる

翌月の1日は無理でも、5日までには前月の数字をまとめるようにしましょう。経理が遅いから経営に活かすことができないのです。経理のスピードを上げるためにも、リモート経理の導入をオススメします。

Section 05

「経理が動かない」がなくなる

メリット⑤ 会社がトラブルに強くなる

リモート経理を行うのは、新型コロナウイルスのためだけではありません。さまざまなことに備えるセーフティネットでもあるのです。

たとえば自然災害。大雨や地震などで「経理担当者が出社できない」状況も起こりえます。いかなるときでも「経理ができない」はなんとしても避けたいものです。

また、社員それぞれの事情もあります。出産や介護などで、出社して仕事ができなくなることもあるでしょう。今は男性の育児休暇も取得が推進されています。少子化対策、女性活用のためには、男性の育児休暇が欠かせません。

「いつでも・どこでも・誰でも」経理ができるようになれば、会社の生産性が上がり、社員も働きやすくなります。経理は会社の中核を担う貴重なポジション。働きやすい環境を作り、定着してもらい、パフォーマンス高く働いてもらうためにもリモート経理は欠かせません。

経理担当者が急に辞め、慣れない後任がミスを連発し、資金繰りが後手に回って窮地に陥ったケースもあります。大事に育てていきましょう。

Section
06

仕事とプライベートにメリハリをつける

メリット⑥ 集中力が高まる

「リモート経理だと集中できない」という声をよく聞きます。

これは当然です。なぜなら「出社して経理をする」習慣が根づいているからです。

リモート経理で集中して仕事ができるようになるには時間がかかるのは事実です。私も自宅で仕事をしていますが、当初は慣れるのに時間がかかりました。

- 自宅には誘惑が多い
- 誰にも見られていないとさぼってしまう、寝てしまう
- 孤独で不安
- 家族、小さい子どもがいて集中できない
- 会社と違い、仕事用の環境ではないので、落ち着かない

しかしながら、環境の変化に対応するのもプロの務めです。

今、「会社以外でも仕事ができる」「会社に行かなくても成果が出せる」ことが求められています。いつでも・どこでも仕事ができる集中力を身につけておけば、いざ「会社以外で仕事をやらざるをえないとき」に役立ちます。

リモート経理を導入すれば、手書き伝票や書類にハンコを押す作業はなくなり、仕事の効率を上げることができます。そこに高い集中力が加われば、経理の成果はさらに高まります。コロナ禍が落ち着いた後でも、これは大きな力になります。

集中力が高まり、個々の生産性が上がることもリモート経理のメリットなのです。

「なんとなく働いている社員」はいませんか？

そもそも会社でも、常に集中して仕事をしていたでしょうか？

決してそうではないはずです。

「なんとなく定時まで働く」では生産性は上がりません。ＩＴによる効率化とともに、個々の集中力の高さが欠かせないのです。

Section 07

「よい経理」の条件を言えますか？

メリット⑦ 経理を正しく評価できるようになる

「リモート経理だと、経理担当者の評価が難しくなる」。こう考える人もいるでしょう。しかし振り返ってみてください。これまでも経理担当者を正しく評価できていたのでしょうか？

- きちんとやって当たり前。ミスをすればマイナス評価
- 目の前に長く座っているかどうか、残業しているかどうかで評価
- 決算のときに大変そうになっているかどうかで評価

こうした評価しかできていなかったのではないでしょうか。

よい経理の条件は次の3点です。

- 社長や他の社員とコミュニケーションをとれるか（コミュニケーションをとろうとしているか）
- 「きちんとやる」という正確さに加えて、効率も考えているか

●繰り返し作業等をさらりと終わらせ、そのデータを経営に活かす努力をしているか

「経理は評価しようがないから、なんとなく評価する」と考える経営者もいるでしょう。だからこそ、いっそのこと目に見えない、目の前にいないリモート経理に切り替えて、経理、そして社員の評価のしかたを考えるべきです。

サッカーがわからないと、サッカー選手のすごさはわからないでしょう。評価するために大事なのは、その評価対象の全貌を知ることです。経理でいえば、「経理の流れを理解し、何をやっているか、数字ができあがるまでのプロセスを細かく把握する」ことが欠かせません。

会社の生産性も上がる！

ある社長は、これまで経理担当者を適当に評価したり、長時間会社にいるかどうかで評価したりしていました。顧問税理士として、「実際に経理がやっていること」「会社の評価の問題点」などをお伝えし、経理の見える化を進めました。結果、経理担当者を評価し役職を与え、会社の生産性が上がった例もあります。

経理の見える化は、リモート経理の一環で行います。人は「やらざるをえないとき」にならないと重い腰を上げないもの。リモート経理を推し進めることによって、実情に合った評価システムを作ることもできます。

Chapter 2

リモート経理のほうが実は安全

本章では、リモート経理が安全な理由についてとり上げました。「そもそもリモートワークは危ないのではないか？　まして経理なんて絶対無理だ」と思われがちですが、本当にそうなのでしょうか。これまでのやり方と比較していきましょう。

Contents

- リモート経理のほうが安全な理由
- 会計ソフトはfreeeがオススメ
- ペーパーレス化の3つのポイント
- セキュリティ対策の「8つの基本」
- FAXをなくす「シンプルなひと言」
- 特別なシステムやサーバーはいらない
- 週1回から始めてみる

Section 08

リモート経理のほうが安全な理由

リアル経理は紛失、横領のリスクあり

リモート経理の話をすると「そんなの危険だ」「セキュリティは大丈夫なのか」という反応がよく返ってきます。本当に危険なのでしょうか。

新しいものや、これまでと違うことは、危険とみなされます。リモート経理も同様です。もちろん、リモート経理でも十二分に気をつけなければ安全性は確保できません。

リアル経理のリスクとは？

しかし、それは紙を使う通常の経理でも同様ではないでしょうか。ある会社では、プリントアウトした書類を放置してしまい、それが元で情報がもれました。「お客様の重要な書類を飲食店に置き忘れた」という事例も見受けられます。**現金を扱うと、紛失や横領の危険性があります。**通帳があれば、その管理に気を配らなければいけません。

リモート経理も中途半端に導入してしまうと、危険性は増すものです。たとえば会社の重要書類を自宅に持ち帰る場合、その行き帰りや自宅での管理の問題が出てきます。いっそすべてデータ化したほうが安全なのです。

　安全は効率とのバランスで考えなければいけません。車が安全でないからといってまったく使わないと移動効率は悪くなります。仕事も同様です。

「クラウド、データ化が怖い」と言う社員（社長）がいたら、その利便性を体験してもらい、安全性を伝えましょう。**使ったことがないもの、知らないものが怖いのは当たり前**です。

　ちょっと前は、携帯電話、インターネット自体が怖がられていましたが、今はみな普通に使っています。クラウドが出てきたのは、2008年頃。クラウド会計ソフトfreeeのリリースは2013年。もう怖がる時代ではないのです。

「クラウドはデータが流出する」と考える方もいるでしょう。特定非営利活動法人日本ネットワークセキュリティ協会の2018年の調査に

リアル経理は安全？　2つのリスク

よれば、個人情報漏えいは次のような原因で起きています。

- 紛失・置き忘れ：116件（26.2％）
- 誤操作：109件（24.6％）
- 不正アクセス：90件（20.3％）
- 管理ミス：54件（12.2％）

個人情報漏えいの原因の多くは「人」です。不正アクセスの割合は20.3％。必ずしもネット（クラウド）が危険ではないのです。そして、紙だって流出するのです。紙を写真に撮って、インターネット上にアップすることもかんたんにできます。クラウドサービス自体も当然そのリスクはわかっており、対策しているのです。

クラウド会計ソフトfreeeでは下記のような対策がとられています。

- 通信の暗号化→ユーザーとfreeeの間の通信は傍受されないようになっている
- 保存データの暗号化→万が一持ち出されても読みとれない
- ログイン試行回数の制限→不正なログインを防ぐ
- リスクベース管理→普段と異なる状況からのログインを検知する
- バックアップ→もしデータが消えてもバックアップがある

●2段階認証→スマホを利用した2段階認証が利用可能

これだけのことが紙、そして会社のサーバーでできるでしょうか。もちろん、どのクラウドサービスを使うかの吟味は必要です。データであればどこでも同じものを見ることができますし、持ち出す必要もありません。もちろんデータが流出するリスクはゼロではありませんが、それに備えることはできます。ですから、リモート経理のほうが安全なのです。

セキュリティリスクを知っておく

IPA（情報処理推進機構）が公開している「情報セキュリティ10大脅威2020（組織編）」によれば、その1位は「標的型攻撃による機密情報の窃取（せっしゅ）」で、2位は「内部不正による情報漏えい」でした。

1位の標的型攻撃とは、機密情報を盗みとることなどを目的に、特定の企業や団体を狙うものです。組織の担当者にウイルス添付メールを送付する手口が有名です。

2位の内部不正による情報漏えい。誰もが見ることができる紙やデータでは、情報漏えいの可能性が高くなってしまいます。しかしクラウドなら、「誰にどのデータを見せるか」を管理できます。

仮に会社でサーバーを準備し、データを保管すると、1位のような標的型攻撃の可能性が高まります。データを守りきれるでしょうか。会社のサーバーは災害にも弱く、水害、地震、火事などがあればデータごと消えてしまいます。また、紙も災害に弱いものです。

Section 09

「推測機能」が優れている

会計ソフトは freee がオススメ

リモート経理の要となる会計ソフト。さまざまなソフトが発売されていますが、本書ではクラウド会計ソフトの freee をオススメします。

その理由は、他の会計ソフトと思想が違うからです。

データ連動の際に必要な推測機能が freee は飛び抜けて優れています。

推測機能とは、たとえばネットバンクのデータに、「フリコミテスウリョウ」とあったら、勘定科目の「支払手数料」と推測する機能です。AIにより推測しており、この精度はソフトによって差があります。請求書発行、経費精算がスムーズにでき、経理の効率化に大きく貢献します。

一方で freee の欠点としては、クラウドならではのもので、処理速度が遅いこと。処理速度を求めるなら、従来の会計ソフト（インストール型）のほうがオススメです。

そして、会計ソフトはリモート経理実現のツールに過ぎません。会計ソフトを入れたからといって、すぐにリモート経理ができるわけではありません。

今後、もっと使いやすい会計ソフトができたら乗り換えるくらいに考えておきましょう。もし会計ソフト選びに悩んでいるようなら、まずfreeeを使ってみてください。

freeeの6つの強み

経理担当者にとっては、従来の会計ソフトと操作性が異なるので、戸惑うところもあるかもしれませんが、むしろこれまでの会計ソフトのクセ、操作感、古さを捨てることが大事です。freeeの利点をまとめると、次の6点です。

①推測機能が優れている
②ログインすれば、どこからでもアクセスできる
③自動化に優れている
④スマホからも見ることができ、登録もできる
⑤常にバージョンアップされる
⑥会計ソフトの中で、最も開発、改善スピードが速い

このfreeeを駆使して、リモート経理を実現していきましょう。

Section 10

紙のほうが危険！

ペーパーレス化の3つのポイント

リモート経理の大前提は「紙を使わないこと」です。紙がある、つまり物理的なものがあると、リモート経理はできません。

紙を使わない、ペーパーレスを徹底しましょう。ポイントは次の3点です。

①プリントアウトしない

ペーパーレスのためにも、自宅にプリンターを置かないことをオススメします。制限すれば、考えます。かんたんなことではありませんが、目指さないことには実現しません。

まず「プリンターの電源を入れない」から始めましょう。そして、どうしてもプリントアウトしたくなったら電源を入れるのです。プリントアウトしなくても確認できるよう、大きなディスプレイを準備することも欠かせません。**「確認するためのプリントアウト」をなくしましょう。**

プリントアウトすると機密情報が紙になり、シュレッダーにかけなければいけません。プリントアウトしなければ、その手間をなくせるのです。「誤ってプリントアウトする」ことも起こり、その都度、リスクは高まります。不要になったからといって、ゴミ箱に捨てるわけにもいきません。もし処分するなら、文書回収溶解サービスを使わざるをえないでしょう。

たとえばヤマト運輸の機密文書リサイクルサービスなら、1箱1890円（＋税）かかります。「目に見えるから安心」。そんな思い込みは捨て去りましょう。

②紙をデータにする

紙があれば、それをスキャンしてデータにしましょう。スキャンしたデータはＰＤＦにして、名前をつけてパソコンに保存しておけば、いつでも見ることができます。

紙よりも探すのが速くなるように、中身がわかるようなファイル名をつけましょう。ファイルが多くなると探すのに手間がかかりますので、ＰＤＦファイルを結合してできる限りファイルの数を減らすことも大事です。ＰＤＦファイルの結合には、Windows ならフリーソフトの CubePDF Page を使いましょう（有料なら Adobe Acrobat が便利です）。

③紙ではなくデータで受けとる

最初からデータなら、スキャンする必要もありません。データで受けとる工夫をしていきましょう。今まで紙でもらっていたものも、データで送ってもらうよう頼むのです。社外、社内限らず、心がけましょう。

データで受けとることができれば、スキャンする手間もなくなります。しかし「プリントアウトして紙で送らなければ失礼」という考えもまだまだ根強くありますので、こちらから「データがいい」ことを伝えましょう。

リモート経理のために紙を持ち帰ってしまうと、それをなくしてしまうこともあります。機密情報が家族にもれることもあるでしょう。

クラウドでデータを共有しよう

クラウドでデータを共有すれば、データを送る必要もなくなります。そのクラウドのセキュリティにだけ注意すればいいのです。しかしデータを送るとなると、双方のメールのセキュリティ、送り間違いなどリスクが大きくなります。

ただしクラウドを使っていても、**クラウドに保存しているデータへのリンクには細心の注意**を払ってください。リンクをクリックすれば、誰でもクラウド上のデータにアクセスできるからです。そのリンクを誤ってメールしてしまうと、情報がすぐもれます。そうした事件も起こっています。

これは使い方の問題にすぎません。「クラウドは危険」→「クラウドは使わないようにする。電話やFAXを使う」と考えるのは、やめましょう。

Section 11

「心配しすぎ」にも注意！

セキュリティ対策の「8つの基本」

セキュリティリスクを減らしましょう。まず、次の8つのことから始めてください。

①OS、ソフト、セキュリティソフトの更新は必ず行い、最新のものにしておく。古いOS（Windows7以前）は絶対に使わない
②各種アカウントを2段階認証（スマートフォンやショートメールで認証）で保護する
③パソコンはパスワードロックする
④パスワードは、長く複雑にする（アルファベット大文字、小文字、数字、可能なら記号も入れる）。使いまわしはしない。名前、誕生日など推測されやすいものは避ける
⑤パソコンに覗き見フィルタをつける（エレコムのプライバシーフィルタがオススメ。マグネット式で着脱もできるので便利。ディスプレイの大きさに合うものを選びましょう）。または、背後が壁になるような仕事環境にする
⑥無線LANルーターのIDとパスワードを強固にする（標準のものから変える）。ルーターのファー

ムウェアを最新にする（セキュリティ設定はWEPではなく、WPA、WPA2方式のものを選ぶ。WEPはセキュリティ上危険）。必要であれば、自宅にいながら、会社のネットワークにつなげるリモート接続VPNを導入する

⑦不用意に、メール内のリンクをクリックしない。送信元もアドレスを必ず確認する

⑧クラウド会計ソフトは、サービスが停止するリスクもある（過去、freeeが使えなくなったこともあった）。ギリギリで仕事をしない

他にもさまざまなセキュリティ対策がありますが、過剰に心配しては物事が進みません。何をやりたいかを先に描いて、まずそこから考えましょう。

「セキュリティリスクを完全にゼロにする」ことはできません。**リスクをコントロールしながら便利なものを使っていく**ことが、リモート経理には欠かせません。そしてセキュリティリスクは何もITだけではありません。

- 紙を置き忘れない、置きっぱなしにしない、不用意に捨てない
- 機密情報を外で口にしない。「ここだけの話」はしない
- 自宅で機密情報を口にしない（電話、オンライン会議等）。機密情報はメールでやりとりする

こうしたことにも気をつけましょう。

Section 12

紙が減り、手間も減る！

FAXをなくす「シンプルなひと言」

ＦＡＸを使っているとリモート経理はできません。

今はインターネットＦＡＸもありますが、それならばメールでいいでしょう。わざわざＦＡＸを使う必要はありません（インターネットＦＡＸは有料です）。

FAXを受けとるために出社するのは絶対にやめましょう。とはいえ相手がＦＡＸを使っていて、ＦＡＸで申し込みを要求される場合もあるでしょう。その場合は「メールでもいいですか？」とはっきり聞くべきです。

先方としても「ＦＡＸのほうがいいだろう、親切だろう」と思っている可能性もあります。日本社会は無難なほうを選ぶ傾向にあり、それに合わせているといつまでたっても効率化、そしてリモート経理は進みません。

「メールでもいいですか？」と聞くと、あっさり「いいですよ」と言われることも多いです。お客様、取引先でも同様です（役所や金融機関は除きます）。

こちら側がＦＡＸで申し込みや依頼を受けている場合は、それをなくす必要があります。

まずこちらからＦＡＸをなくしてみましょう。そして「メールでも大丈夫ですか？」と確認し、様子を見ましょう。

「ＦＡＸのほうが送るのにラク」という意見もあるかもしれません。紙をＦＡＸに入れて、送り先を指定すればいいだけ。ラクかもしれませんが、その「紙」が問題なのです。

まず「紙」をプリントアウトする必要があります。

ＦＡＸで送るのが注文書等であれば、受けとった相手はそのデータをパソコンに入力しなければなりません。

加えて、機密情報の入った「紙」の処分も必要です。シュレッダーを使うと時間がかかります。シュレッダーがつまったりすると、掃除も大変です。

ＦＡＸはセキュリティ上の問題もあります。

1980年からセキュリティの対策がされてい

FAX は受けとる側の負担が大きい

ないのです。なりすましやのっとりの可能性はあります。

また、こちらがＦＡＸを使って送った後に、紙を置きっぱなしにしてしまう、先方に送った後にその紙が意図しない人に届く（社員に見られてしまう）可能性もあるのです。

いずれにせよ、経理担当者だけの力ではＦＡＸをなくすことは難しい場合もあるので、会社全体でとり組まなければいけません。

ＦＡＸは文字が見づらい場合もありますので、リモート経理としては避けたいものです。数字が読みにくいなどあってはいけません。データならそんなことはありません。どうしてもＦＡＸが必要なら、データをアップして郵送するＷｅｂゆうびんというサービスを使う手もあります。ＦＡＸでいいなら郵送でも問題ないはずです。

その「複合機」、必要ですか？

ＦＡＸは「送受信できる機器が必要」なのもデメリットです（インターネットＦＡＸを除く）。複合機で送受信しているケースも多いでしょうが、その複合機も本当に必要でしょうか。複合機はコストがかかります。会社にあるものですので、リモート経理との相性はよくありません。複合機を使うために出社ということにもなりかねません。

ＦＡＸをやめ、メールにし、ペーパーレスにすれば、複合機もいらなくなるのです。コストダウンのためにもＦＡＸを率先してなくしていきましょう。

Section 13

リモート経理ができないシステムなら、捨てる

特別なシステムやサーバーはいらない

今お使いのシステムやソフトでは「リモート経理ができない」可能性もあります。

「複数のパソコンに入れるには別途ライセンス料がかかる」

「特別なシステムやサーバーが必要になる（コストがかかる）」

こうした理由からです。この機会に切り替えることも考えましょう。会計ソフトも従来型のインストールタイプでリモート経理に対応をしようとすると、多額のコストがかかる場合もあります。複数人が使えるようにすると追加コストがかかるのです。

クラウド会計ソフトは複数人使用が前提であり、freee なら3人まで同時利用できます。パソコンにインストールをしなければいけないソフトは避けましょう。インストール自体、時代遅れであり、スピードを損ないます。インストールは office（Excel、Word、PowerPoint）だけで十分です。

システムからリモート経理を考えるのではなく、リモート経理からシステムを考えるのです。これまでに多額のコストをかけたシステムであっても、使えなければ意味がありません。時代が変わった今、ゼロベースで考えるべきです。

Section 14

週1回から始めてみる

トレーニングのように慣らしていく

まずは週1回から、リモート経理を始めてみましょう。たとえば、「水曜日のみリモートにする」というイメージです。週1回ならすぐ始められるはずです。

午前中のみリモート、午後のみリモートなども試してみる価値はあるでしょう。

リモート経理を週1回行うとは、「週1回、経理担当者が会社にいない状況を作る」ということです。自宅のパソコンで会社のメールを受けとれるようにし、各種ファイルを見ることができるようにしましょう。ひとまず週1回は、自宅で仕事をするのです。そうすれば、**「何が足りないか、何が不便か、何があったほうがいいか」がわかります。**仮に仕事が進まなかったとしても、「リモート経理実現への課題」「会社の課題」が見つかるので、メリットしかありません。

経理担当者が会社にいなくてもすむ状況に、会社全体が慣れなければいけません。何かあれば、メールすればいいだけの話ですし、次に出社するときに対応すれば十分です。慣れるためにトレーニングするという考えを持ちましょう。週1回で問題なければ、週2回、3回と増やしていくことで、リモート経理を少しずつ進めることができます。

Chapter

3

リモート経理は環境が9割

本章では、リモート経理に必要な環境の整え方についてとり上げました。オフィスで仕事をするときとはまた違う環境での仕事となるリモート経理。できるだけ効果的な投資をするための秘訣をまとめました。

Contents

Section
15

リモート経理の三種の神器

「パソコン、ネット、ソフト」があればOK！

リモート経理には「特別なソフト、システム、機器」は必要ありません。次の3つがあれば十分できます。

①ノートパソコン

ノートパソコン1台あれば、リモート経理はできます。リモート経理専用に1台買うようにしましょう。後述しますが、デスクトップパソコンではなく、ノートパソコンがオススメです。10万円以下、10万円超20万円以下、20万円超と、値段により性能がおおむね決まっています。10万円以下のノートパソコンは性能が低いものもあるので、10万円超のノートパソコンを買うようにしましょう。

②インターネット環境

インターネットがあればリモート経理はできます。経理担当者のネット環境は重要です。ときには設備投資が必要なこともあるでしょう。月額の費用は数千円ですみます。オーソドックスなフレッツ光などの光回線をまずは試してみましょう。

③ クラウド会計ソフト

リモート経理に欠かせないのがクラウド会計ソフト。本書ではfreeeを推奨していますが、他の市販のソフトでもリモート経理はできます。

独自システムを作ろうとするとコストがかかるうえに、使いにくいことが多いです。市販の汎用的なソフトで経理ができるように、取引をシンプルにしておきましょう。

クラウド会計ソフトを筆頭に、経理で使う代表的なソフトには次のようなものがあります。その特徴や使い方は順次紹介していきます。

- クラウド会計ソフト：freee
- 給与計算ソフト：人事労務freee、ジョブカン
- スケジュール管理ツール：Googleカレンダー
- データ共有ソフト：Dropbox
- ビデオ会議ツール：Zoom

Section 16

リモート経理はノートパソコンを使うべし

性能・価格に問題なし！

リモート経理で使うパソコンは、ノートパソコンをオススメします。「ノートパソコンは性能が悪いのではないか」と思われるかもしれませんが、まったく問題ありません。リモート経理に使うソフトは、そこまで性能が高くなくてもしっかり動きます。デスクトップパソコンを使う必要性があるのは動画編集くらいです。

「ノートパソコンは高い」と思われるかもしれません。確かにデスクトップパソコンのほうが割安ですが、今は性能と価格のバランスがとれてきています。とはいえ、できれば20万円前後のノートパソコンを買ったほうがいいのは事実です。

これは会社を守るために必要な投資だと心得ましょう。何よりもノートパソコンは持ち運ぶことができます。いつでも・どこでも・誰でも経理を実現するには、ノートパソコンが欠かせません。デスクトップパソコンでは、会社が自宅にかわるだけです。

リモート経理とは、自宅を会社にすることが目的ではありません。場所にとらわれず仕事をすることが目的です。

Section
17

一番大事なのはCPU

CPU、メモリ、SSD。ノートパソコンの選び方とは？

ノートパソコンは「ＣＰＵ・メモリ・ＳＳＤ」で選びましょう。

ＣＰＵ→パソコンの頭脳であり、地頭のよさ
メモリ→頭の回転の速さを示すようなもの
ＳＳＤ→データを保存する場所（従来のＨＤＤは安いのですが、遅く壊れやすいというデメリットがあります。ＳＳＤがオススメです）

その他、画面の大きさや軽さなどの要素があります。画面の大きさはおおむね13インチ以上がいいでしょう。軽いパソコンは価格が高くなる傾向ですが、自宅で仕事をし、それほど持ち歩かないのであれば1・5キログラム程度のものを選びましょう。

こうした要素の中でどれか1つだけ選ぶならＣＰＵです。ＣＰＵの性能がよくないと次のようなデメリットがあるからです。

- 起動やソフトの処理に時間が長くかかる
- 同時にソフトを立ち上げられない（メモリも関係があります）
- パソコンが固まってしまい、再起動しなければいけない。保存していない仕事はやり直しになる

オススメのCPUは？

CPU選びのポイントはメーカーと世代です。CPUも年々新しいモデルが出ており、その区別に「世代」という名称を使っています。Windowsの場合、CPUのメーカーはIntelとAMDです。

- Intel Core i5または7で第10世代から第11世代
- AMDならRyzen5または7で、第3世代

今ならこの基準で選んでおけば大きく外しません。逆に避けたほうがいいのは、

- IntelのCore i3、Celeron、第8世代以前のCore i
- AMD Athlon

こうしたCPUです。CPUの世代がわからない場合は、価格.comというサイトで調べればわかります。最安値を調べる際にも便利です。IntelとAMDのうち、安くて性能が高いのはAMDです

が、普及しているのはIntelです。もし**どちらか迷ったらIntelのほうが無難**です。

ＣＰＵをケチると思わぬ浪費になります。ＣＰＵが高性能であれば、メモリやＳＳＤもそれなりの性能になっています。迷ったらＣＰＵで選びましょう。

メモリはできれば16ＧＢは欲しいところですが、リモート経理では８ＧＢでも十分です。ＳＳＤは１２８ＧＢもあれば十分です。

パソコン代をケチらない！

やってはいけないのは、パソコン代を出し惜しみすること。起動が遅かったりトラブルが起きやすかったりしますし、セキュリティ上のリスクもあります。中古はやめておきましょう。パソコンは消耗品。何かしらトラブルがある可能性も高いからです。買うなら新品を買いましょう。そして、**１～２年に１回は買い替える**べきです。

リモート経理においては、ノートパソコンの「マイク・スピーカー・カメラ」性能も大事です。オンライン会議ツールを効果的に使えます。しかし、パソコンについているマイク、スピーカー、カメラはそれほど性能がよくありません。パソコンを選ぶ際には気にせず、別途準備することをオススメします（Ｐ０８７参照）。

Macのパソコンでも大丈夫？

パソコンには、WindowsとMacがあります。Macはリモート経理に使えるのでしょうか。クラウド会計ソフトならMacでも遜色なく使うことができますし、Officeも使えます。

２０２０年11月に発売されたM1チップ搭載MacBook Airは、性能が高く、割安です。使ってみるのもいいでしょう。困るのはWindowsのみに対応している税務ソフトや会計ソフト、そしてＲＰＡ（Ｐ１８１参照）を使うケースです。

また、リモート経理に欠かせないソフトはOffice（Excel、Word、PowerPoint）ですが、Officeが入っているパソコンを買う必要はありません。割高だからです。

今は、MicroSoft365という、月額１３００円ほどで使えるサービスがあります。常に最新の状態にアップデートされるので、こちらをオススメします。

Section 18

今すぐデュアルディスプレイを始める

パソコン代を1万円削ってでも「ディスプレイ」を買おう

パソコン代をケチってはいけないと前項で書きましたが、もし予算が厳密に決まっているなら、パソコン代を1万円削ってでもディスプレイを買うべきです。

ノートパソコンにディスプレイをつなげば、もう1つのディスプレイとして使うことができます。これをデュアルディスプレイといい（マルチディスプレイ、マルチモニタともいいます）、私が最も費用対効果が高いＩＴ投資と考えているものです。

パソコン上でソフトを切り替えながら使うこともできますが、大きなディスプレイに複数のソフトを表示させたほうが効率はよくなります。会計ソフトを確認しながらExcelで資料を作るとき、ノートパソコンの画面だけだとそれぞれが小さく表示され、作業効率も悪いです。

1～2万円の投資でそれが解消されるのでディスプレイを買わない手はありません。

自宅のスペースに応じて21インチから27インチのディスプレイを買ってみましょう。

ディスプレイとつなぐにはノートパソコンにＨＤＭＩ端子があれば、ケーブル1本でつなぐことができます。

パソコンでのディスプレイの設定は、ノートパソコンの画面を複製するものと、画面を拡張するものとがありますので「拡張」を選びましょう。ディスプレイは高さが調節できると、目線に合わせることができ、見やすくなります。ディスプレイでオススメなメーカーは、BenQ、Dell、iiyama、LGなどです。

私が今自宅で使っているのはLGの34インチ(34WL750-B)とBenQの23・8インチ(GW2480T)のディスプレイです。34インチはかなり大きく、快適です。BenQは縦置きにしてモニターアームとともに使っています。モニターアームとは、机にとり付けてディスプレイを支えるものです。机のスペースが空き、配置の自由度が高まります。

Windowsキーをどんどん使おう

そのWindowsでは文字どおりウィンドウの

ディスプレイを買って、大画面で操作しよう

使い方が決め手です。

「Windows キー+方向キーの左」で、今選択しているソフトを左側に寄せることができ、「Windows キー+方向キーの右」だと右に寄せることができます。複数のソフトを同時に使うときに便利です。

また、Alt + Tab でウィンドウを瞬時に切り替えることができます。

デュアルディスプレイを使っていても Windows キー+左または右を使うことができます。Windows キーを押しながら左を複数回押していけばノートパソコンに表示していたソフトを、デュアルディスプレイ上に表示できるのです。

「デュアルディスプレイにはPDFと会計ソフトを表示し、ノートパソコンにはExcelを表示」という使い方もできます。

またウィンドウを新しく開くことができ、同じソフトを2つ開くこともできます。Excel も複数開くことができ、デュアルディスプレイに今月の業績を表示して、ノートパソコンのディスプレイに会計データを表示したりすることもできます。画面の整列には、Windows キー+左または右のショートカットキーを使いましょう。

ブラウザが Google Chrome であれば、タブを Chrome のウィンドウ外にドラッグするだけで、2つのウィンドウにすることができ、Ctrl + Shift + N で新しいウィンドウを開くこともできます。

ブラウザで使うクラウド会計ソフトも、複数のウィンドウで使うと使いやすくなりますので、ぜひ覚えておきましょう。

Section 19

ノートパソコンのパッドにも慣れよう

ショートカットキーをどんどん使う

リモート経理では、効率化による生産性アップを目指します。そのためには、個々のＩＴスキルの向上も欠かせません。最も投資効率が高いのはパソコン操作スキルです。

「効率を上げるためにはマウスを使ってはいけない」とよくいわれます。

正確に表現するなら、「マウスを使ってはいけない」ではなく「マウスを適切に使う」です。マウスを一切使わずにパソコンを操作することはできません。

確かにパソコンを使い慣れていない人ほどマウスを使う頻度が多いです。**マウスがよくないのは、キーボードから手を離してしまうから**です。キーボードから手を離して、それをまたキーボードに戻すために、物理的な時間のロスが生まれます。キーボードに手を置いたまま操作できるショートカットキーのほうが効率的です。

リモート経理でもショートカットキーは欠かせません。

Excel、ブラウザなどでもショートカットキーを使うことができますし、会計ソフトでもショートカットキーを使うことができます。

残念ながら、クラウド会計ソフトではそれほどショートカットキーが使えませんが、ブラウザ操作ではショートカットキーは使えます。汎用性のあるショートカットキーでよく使うものとして、次のようなものをまず覚えておきましょう。

- Tab→項目を移動する
- Ctrl + C→コピー
- Ctrl + V→貼り付け
- Windows + V→コピーした履歴から選んで貼り付け
- Ctrl + R→ページの更新
- Ctrl + Shift + T→閉じたタブを再度開く
- Ctrl + K→検索バーにカーソルを移動
- Ctrl + D→ブックマークに保存

さらにマウスではなく、ノートパソコンの

ノートパソコンのパッドにも慣れよう

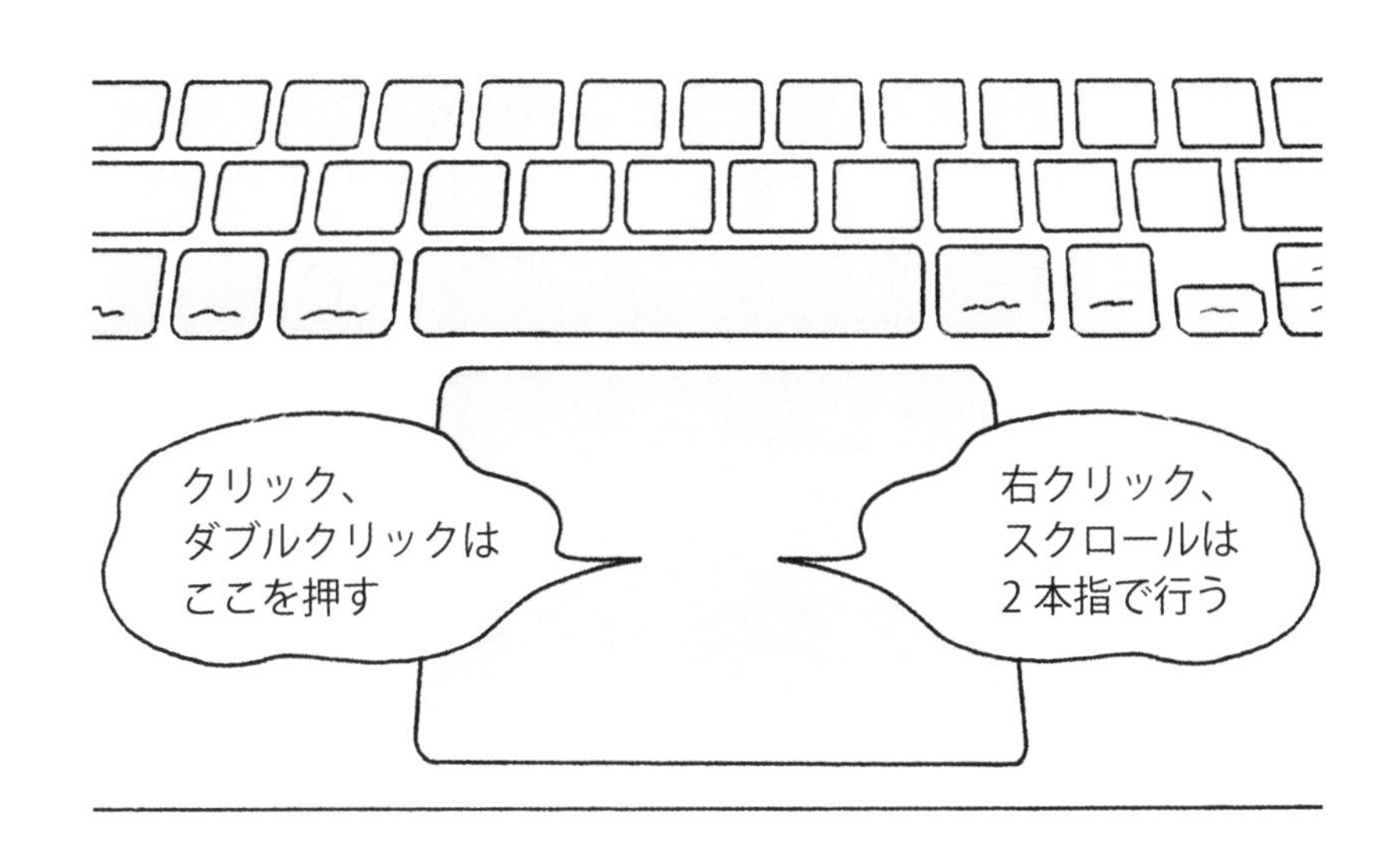

パッドを使いましょう。パッドはキーボードのすぐ下にあり、物理的な移動ロスを少なくすることができます。

パッドにはクリックボタンが独立しているものとそうでないものがあり、独立している場合はマウスと同様の操作です。独立していない場合は、指1本でタッチするとクリック、指2本でタッチすると右クリックになります（Windowsの［設定］→［デバイス］の［タッチパッド］で設定できるものもあります）。

ドラッグは、クリックしながらまたは指1本（人差し指）で押しながら、中指で動かします。スクロールは、2本指（人差し指と中指）で上下（左右に動かせる場合もあります）に動かしましょう。

「設定」でマウスの戻るボタンを設定しておくと、ブラウザで戻る場合に使えるので便利です。私は、3本指でタッチする操作に「戻る」を設

トラックボールマウスの特徴

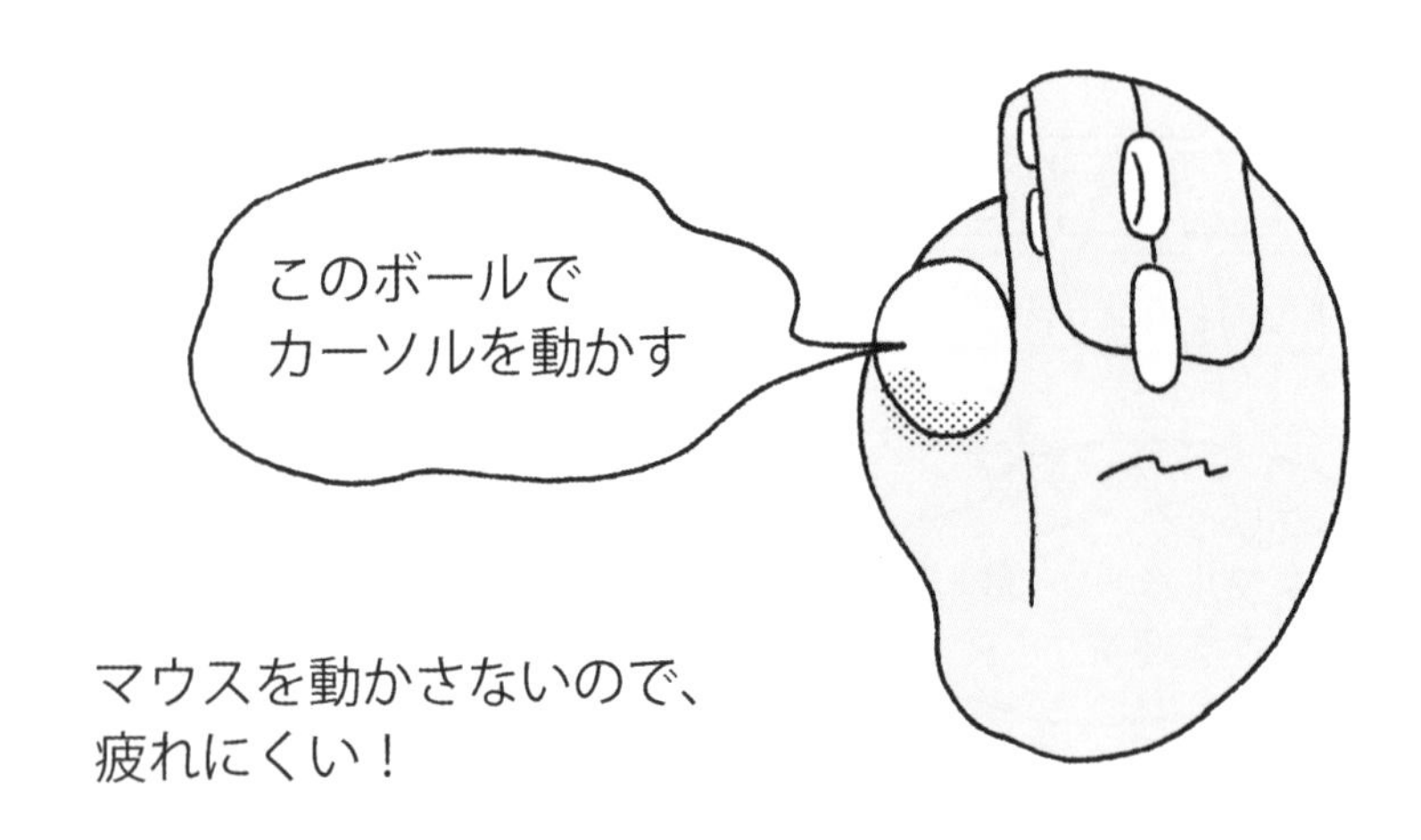

定しています。

トラックボールマウスがオススメ

マウスを使うなら、トラックボールマウスを使いましょう。トラックボールマウスとは、マウスについているボールで、カーソルを動かすものです。マウスを動かして操作するのではなく、手は固定して指でボールを動かしますので、瞬時に操作でき、なおかつ疲れません。通常、マウスを手で動かす操作がボールでできるのです。

たとえば、通常のマウスの場合、マウスカーソルを上に動かすには、マウスを持った手を上に動かします。トラックボールマウスの場合は、ボールにそえた親指を上に動かすだけです。**手を動かさず親指を動かすだけ**なので、負担はありません。

大きなディスプレイを使うとき、マウスを動かすのは大変です。負担がほぼないトラックボールマウスを強くオススメします。また、マウスパッドも必要ありませんので、机のスペースをより有効に使えます。

私が使っているトラックボールマウスはロジクールのMX ERGOです。価格は約1万1000円と高価ですが、その価値はあります。同タイプで5000円ほどのM575もありますが、MX ERGOはマウスの傾きを調整できるのがメリットです。少し傾けると、より使いやすくなります。慣れるまでには時間がかかりますが、ぜひ挑戦してください。

Section 20

タッチタイピングをマスターする

自分に合ったキーボードを選ぶ

リモート経理ではタッチタイピングの重要性がますます上がっています。なぜならば話すことが減り、「文章を書く（キーボードを使う）」ことが飛躍的に増えるからです。

キーボードの操作効率を上げるために、キーボードを見直しましょう。

ノートパソコンは、付属のキーボードを使わざるをえません。キーボードが使いやすいノートパソコンを選びましょう。外付けのキーボードを使ってもかまいませんが、その手間がかかります。

使いにくさの原因は、キーボードが「小さすぎる・大きすぎる」ことも多いです。自分の手の大きさ、好みに合わせてキーボードを選びましょう。

ノートパソコンのディスプレイが13インチ以上であれば、「キーボードが小さすぎる」ことはまずなくなります。

手や指が大きいと感じる方は、15インチ以上のノートパソコンを選ぶほうが無難です。可能であれば、店頭で試してみましょう。キーピッチといわれるキーの中心間の距離が19ミリだと打ちやすく、それ以下だと小さくて打ちにくい可能性があります。

Enterキーが小さい、スペースキーが小さいなどが気になる場合もあります。気に入った、気に入らなかった点は、次回の購入に備えてメモしておくことが大事です。キーの配置が異なるキーボードもありますので、気をつけましょう。また、私はキーの静かさも重要視し、メーカーのサイトを見て「静音設計」「静音」とアピールしているものを使っています。

タイピングに関しては、これからしっかり練習しても損はありません。キーボードを見ないで画面を見ながら入力するスキルを磨きましょう。日々、多くの文字を入力するにはキーボードスキルは欠かせません。ポイントは下記5点です。

- キーボードを見ない
- ホームポジション（右手の人差し指はJ、左手の人差し指をF）を守る
- 左右の指を5本とも使う（右手小指はEnter、左手小指はTabなど）
- 「メールのときはキーボードを一切見ない」と場面を限定して練習してみる
- 固有名詞（自分の名前）や挨拶文や経理用語など、よく使うもので練習してみる

タッチタイピング練習用のソフトやサイト（e-typing）もありますので、仕事とは別に1日5分でも練習しておきましょう。

メリット
安全性
環境作り
コミュニケーション
3ステップ経理術
会社の守り方

Section
21

音声認識入力にチャレンジしよう

タイピングより速い？ この機会にマスターしよう！

リモート経理なら音声認識入力もやりやすいです。

会社だとどうしてもまわりが気になるでしょう。これを機に挑戦してみるのも手です。音声認識入力がやりやすい環境を活かしましょう。

まずは自宅で慣れておきましょう。現に本書は音声認識入力で書きました。

音声認識入力は、はっきりと話すことはもちろん、**マイクの性能が重要**です。どんなにいい発音であっても、聞きとってもらえないと正しく文字にできません。

パソコンによりマイク性能に差はあり、Windows なら、Microsoft の Surface はマイクの性能がよく、使い勝手がいいです。

MacBook Air はマイク性能がよく、外付けマイクなしで音声認識入力ができます。

外付けマイクは Blue の Yeti がオススメです。デスクに置いておけば、こちらの声を的確に拾ってくれます。

音声認識入力時に気をつけたいのは、**話し言葉ではなく、書き言葉で話す**ことです。

たとえば、話すときには「本を音声認識入力で書いています。慣れるまでは難しいんですけど」と言いますが、音声認識入力時は、「本を音声認識入力で書いています。慣れるまでは難しいですが」と言わなければいけません。

Google Chrome で Google の文章作成ソフト Google ドキュメントを使うと、精度が高い Google の AI（音声認識）を使うことができます。Windows にも音声認識のしくみはありますが、ほぼ使い物になりません。Google ドキュメントでは、次の点に気をつけてください。

- 音声認識はクラウド上のデータを使うので、ネットにつなぐことが必要
- 句読点は手で打ったほうが話すリズムが崩れない
- 話した後の修正は必須

また、どんな音声認識入力の方法であっても、話すだけで文章が完成することは、現状ありません。その後の修正ありきとして考えましょう。

その修正の時間を含めて考えたとしても、十分速いスピードで書くことができます。私はプログラミングして、経理のレシートを入力するような場面でも、音声認識入力を利用しています。

Section
22

Excelを徹底活用しよう

電卓やテンキーは効率化の敵

電卓やテンキーに頼っていたら経理の効率化は進みません。

電卓で検算するならまだしも、電卓で計算した結果をExcelに入れるのはやめましょう。Excelに数字を入れてExcel上で計算したほうが、計算の過程も残せますし、その数字を再利用することもできます。

数字を打つときにはテンキーが便利かもしれませんが、数字だけを打つような作業をやっていてはいけません。税務申告だけを目的とする、単なる作業に成り下がってしまいます。数字を入力しないですむ方法や、社内で分散してデータを作る方法を考えるためにも、テンキーを目の前から消しましょう。

ネットバンクやクレジットカードからデータを連動すれば、数字を入力しなくてすみます。また、社員がそれぞれデータを入力すれば、経理担当者が入力する場面は減ります。

キーボードにも数字キーはありますので、その数字キーを使いましょう。文章の中で数字を打つときも、テンキーではなく、キーボードで打ったほうが間違いなく速いです。

Section
23

ケチらず、しっかり投資する

ネット環境はルーターが決め手

リモート経理に欠かせないのは、インターネットです。インターネットを快適に使えるように準備しましょう。

ビデオ会議の際にもインターネットのスピードが第一ですし、データをダウンロードするスピードも、インターネットのスピードに左右されるものです。費用負担については、会社で決めるとして、ストレスのないインターネット環境を整えましょう。

モバイルルーターやスマホのテザリング（スマホを介してパソコンをインターネットにつなぐ機能）は、一時的ならいいのですが、そうでないならオススメしません。リモート経理のためにもインターネット回線を整えましょう。

インターネット環境はノートパソコンなどの機器をつなぐルーターが決め手です。この**ルーターの性能によってインターネットのスピードも変わります。**

今はWi-Fi 6という規格が出ていますが、対応している機器がまだ少ないため、その1つ前のWi-Fi規格である11acでもかまいません（私はWi-Fi 6を使っています）。11a、11b、11g、11n、

11ac、Wi-Fi 6と規格があり、順に新しく速くなります。

ルーターをケチらない！

私が使っているのはTP-Linkというメーカーの AX11000です。現在3万円以上しますし、かなり大きいのですが、インターネット環境は安定しています。

ルーターを安いものにしてしまうと、スピードが遅くなってしまいますので、ここはぜひ投資しましょう。AX11000だと、ダウンロード速度が59Mbps。一方、通常のルーターだとダウンロード速度は5Mbpsでした。**10倍以上の差があります。** また AX11000だとつながるのに、通常のルーターだとつながらないこともあります。

ルーターは、同時接続する機器の影響も受けるものです。仕事中、お子さんが動画やゲームをやっていたら速度が落ちることもあるので、注意してください。

無線LANのほうが仕事をする場所の自由度はありますが、どうしてもインターネットスピードが遅い場合は、有線LANでつなぐことも考えましょう（一般的に有線LANのほうがスピードは速く、かつ安定します）。

Section 24

めんどうな日程調整とさようなら

Googleカレンダーでスケジュールを共有!

リモート経理では、それぞれが離れた場所にいるわけですから、密な連絡が必要と思われるかもしれません。しかしそれでは疲弊してしまいます。

「連絡しなくてもよいしくみ」を作りましょう。

たとえば、それぞれのスケジュールをカレンダーで共有しておけば、わざわざ確認する必要はありません。Googleカレンダーを使えば、お互いの予定がわかるようになります。ミーティングの調整をするときにも、そのカレンダーを見ればいいわけです。

ただ、このカレンダーの共有には大前提があります。

それは、それぞれが完璧にカレンダーを入力するということ。入力もれや入力間違いがあっては、カレンダーを共有している意味がありません。予定が決まったらカレンダーに入力するルールは、部署、上司、部下、役職にかかわらず徹底しましょう。

Googleカレンダーに連携するアプリもありますが、ブラウザ上でGoogleカレンダーを使うのがオススメです。使い勝手もよく、ブラウザがあれば誰にでも使えます。こういったルールは、経営者や役職者が破るとまったく機能しません。

カレンダーには、実際の予定だけではなく、「今は集中して仕事をしたい」という予定も入れておきましょう。周囲に邪魔されることもなくなります。

こんな会議は減らそう

そして大事なのはカレンダーを予定で埋め尽くさないこと。カレンダーを予定で埋め尽くしてしまうと仕事をこなす時間がなくなり、結果的に長時間労働につながってしまいます。社内の予定も減らしましょう。

- 定期的な会議
- 昔からやっている会議
- 参加しているだけの会議

積極的に減らしていきたいものです。

リモート経理になっても、オンラインでこうした会議を続ける傾向にありますので、十分気をつけましょう。ましてや、「会議のために出社」などは絶対にやめましょう。

Section 25

社内の内線も禁止しよう

うざい電話を禁止しよう

リモート経理では、電話を禁止しましょう。これまでどおり電話を使っていては、リモート経理は進みません。電話はＩＴではありません。

電話がよくない理由は、相手の仕事に割り込むからです。

お互いに邪魔をしていては会社全体の効率化は進みません。お客様からの電話もなくしていきたいところですが、まずは社内から進めていきましょう。

社内からのアプローチ

社長からの電話はＯＫなどの例外もなくすべきです。ルールとして決めるのであれば、「一定時間は電話を禁止にする」を検討してもいいでしょう。

もちろん電話で話したほうがいいこともあります。しかし、「本当に今すぐ話す必要があるのか」「メールを送り、都合がよいときに返してもらうのではだめなのか」をよく考えましょう。

電話がしたくなったら、まずメールを送りましょう。そもそも「すぐに対応してほしい」という状況を減らさないと、リモート経理はできません。あらかじめ「メールは、受けとった翌営業日中に返す」などのルールを作っておきましょう。
すぐ返事が欲しいような事態は、自分の時間管理ミスの可能性もあります。思いつきやぎりぎりで仕事をするから、「すぐ！」となるわけです。相手を尊重するために、「すぐ！」という電話をなくしましょう。

社外のアプローチ

社内での電話を減らしつつ、社外との電話も減らしていきましょう。問い合わせの方法にフォームを導入し、電話からフォームに移行することも欠かせません。「電話をやめましょう」とはお客様、取引先には言いにくいものです。

- こちらから連絡するときはメールを使うようにする

電話したくなったら、メールを打つ

●メールをすぐに返信する

まずはここから始めていきましょう。

「電話だと出てくれれば応答してもらえる、メールだと返信が遅い、見てもらえていない可能性がある」も電話が減らない理由です。

メール返信のスピードを上げるのも、電話をなくすことにつながります。

打ち合わせが必要であれば、電話ではなくビデオ会議を使いましょう。ビデオ会議でも音声のみでもかまいません。このビデオ会議、電話と何が違うのか。それは事前に予定することです。

つまり電話とは、「アポなしでいきなり会話を始める」行為です。こちらの都合で会話を始める電話は、リモート経理に限らず仕事上やってはいけません。効率化し、働き方を変えるには「電話をなくしたほうがよい」のではなく「電話をなくさないといけない」のです。

電話が鳴らない、電話に邪魔されない環境を手に入れましょう。時間帯で電話禁止にする、曜日で電話禁止にするなど、徐々に制限するのもオススメです。

メリット
安全性
環境作り
コミュニケーション
3ステップ経理術
会社の守り方

Section
26

チャットの使用は慎重に！

メール＋ビデオ会議でコミュニケーションをとる

リモート経理でのコミュニケーションには次のようなものがあります。

- メール
- チャット
- ビデオ会議

この中で最も注目されているのはチャットです。密にコミュニケーションがとれるので便利ではありますが、はたして本当に必要でしょうか。

リモート経理では気軽に話しかけることができません。それを補うためのチャットなのですが、ここは気軽に話しかけられないメリットを活かすべきです。

チャットが便利な場合もありますし、複数人でやりとりができるメリットもありますが、多用しないようにしましょう。

基本はメールを使いつつ、必要であればビデオ会議を使って顔を合わせて話し合う。この組み合わせが最適です。チャットはメールとビデオ会議の間にあり中途半端です。

チャットの活用法

とはいえチャットには、次の2つのメリットがあります。

- 宛先を入れなくていい
- 履歴がずっと残る

チャットをメールのように使うのも1つの手です。

「当日午前中のチャットはその日までに返信する」「当日午後のチャットは翌日午前中までに返信する」。こうしたルールを決めておけば、ストレスなく使うことができます。

チャットは、複数人で会話するときにはオススメです。ビデオ会議をするまでもないようなこと（日程調整など）は、チャットを使いましょう。また、社内で密なコミュニケーションをとるときにもチャットがオススメです。

基本はメール、必要であればビデオ会議。そして上記のようなときにはチャットを使いましょう。

Section 27

無料プランの「40分制限」を活用！

ビデオ会議ツールはZoomがオススメ

ビデオ会議ツールはZoomが安定しており、使いやすいです。2020年4月ごろは、セキュリティ上の問題がありましたが、今は改善されました。その他には、MicrosoftのTeamsやGoogleのMeetなどもありますが、使い勝手や安定性は、Zoomが一番です。

双方がMicrosoftアカウントやGoogleアカウントを持っていれば、TeamsやMeetのメリットも出てきますが、そうとも限りません（アカウントがなくてもビデオ会議はできます）。アカウントや他のサービス（メールやカレンダーなど）に紐づかないZoomのほうが使いやすいのです。データ通信量もZoomは少なく、相手の通信環境が安定しないときでも安心して使えます。

Zoomは1対1であれば無制限で話すことができます。3人以上になると、無料プランの場合は40分の時間制限があります。有料プランにすれば無制限に話すことができますが、むしろこの**40分制限を活かして「会議は40分で終わらせる」というルールを決めることをオススメ**します。

そもそも、会議でそこまで長く話すことはありません。事前にメールでやりとりし、データを共有しておけば会議の時間も短くできるはずです。

Section 28

自分に合うアイテムをそろえよう！

ビデオ会議をスムーズにする3つのアイテム

ビデオ会議に必要なのは、ビデオ会議ツールの他に、カメラ、マイク、スピーカーがあります。ノートパソコンには標準装備されていますが、パソコンによって性能は違います。ビデオ会議を快適にするために、カメラ、マイク、スピーカーの3点セットをそろえましょう。

①カメラ

Webカメラなら、パソコンのUSB端子につなげれば、パソコンのカメラよりも鮮明に映し出すことができます。自分の顔を鮮明に映し出すことが目的ではありません。明るく映し対面での打ち合わせに感覚を近づけるためにやることです。

スマホをカメラにすることもできますし、手持ちのデジカメをWebカメラとして使うこともできます。私自身はデジカメのSIGMA fpを使っております。動画性能が高く、カメラとレンズをもともと持っていたからです。

手持ちのデジカメやビデオカメラを使えないかも確認してみましょう。デジカメやビデオカメラを

Ｗｅｂカメラとして使うには、キャプチャーと言われる機器や別途ソフトやケーブルが必要な場合があります。カメラを設置するスタンドも用意しておきましょう。

②マイク

ビデオ会議の最重要アイテムです。こちらの声を確実に届けなければ会議になりません。パソコンによってマイクの性能には大きな違いがあります。もし聞きとりにくいのであれば別途マイクを買いましょう。マイクとイヤホンが一体になっている「ヘッドセット」タイプもあります。手軽で便利なのですが、私は頭に何かつけるのがあまり好きではないので、マイクだけを使っています。

私が使っているマイクはBlueというメーカーのYetiです。タイピングやマウスを動かす音、周囲の音、家族の声などの雑音も入りにくく、鮮明に声を届けることができます。

③スピーカー

パソコンによって性能の違いがあります。別途準備するかイヤホンを準備するとよいでしょう。私は外付けのスピーカーを常に付けています。

スピーカーは、SONYのLSPX-S2です。音質もよく、ガラス製でＬＥＤライトもあり、見た目も楽しめます。仕事に使うものは、性能はもちろん、自分のテンションが上がるもの（かっこいいｏｒかわいい）といった視点も大事です。それができるのもリモート経理のメリットといえます。

Section 29

家族へのアピールにも効果的

イヤホンで周囲の音を遮断する

イヤホンはビデオ会議だけではなく、リモート経理でも欠かせません。自宅が静かとは限らないでしょう。そんなときにイヤホンをつけておくと、静かな環境を作ることができます。

家族がいる場合、「今は集中して仕事をしたい」を示すためにもイヤホンは欠かせません。お子さんがいらっしゃる場合は仕事の集中の妨げになる場合もあります。イヤホンを活用しましょう。

イヤホンでオススメなのはBluetoothのものです。充電には気をつけなければいけませんが、コードがなく快適に使うことができます。席を離れるときにも便利です。

私が使っているのはノイズキャンセリングイヤホンのAirPods Proと、SHUREというメーカーのSE535です。ノイズキャンセリングイヤホンは雑音を電子的にカットしてくれますが、人の声はカットできません。その場合、物理的に遮音性(しゃおんせい)が高いSHUREのイヤホンのほうがオススメです。

SE215であれば手ごろな金額ですのでぜひ使ってみましょう。外出先や移動中も快適に過ごすことができます。耳を覆うヘッドホンもあり、より遮音性が高くはなりますが、私は耳に負担がかかるのでイヤホンにしています。自分に合うかどうかも大事なので、いろいろ試してみましょう。

メリット
安全性
環境作り
コミュニケーション
3ステップ経理術
会社の守り方

Section 30

時間を管理して、仕事の精度を上げる

時間を予実管理して、生産性をアップ！

経理では数字を記録し、その記録をもとに経営判断を行います。その数字はお金です。お金の動きを記録することでそれを経営に活かしています。

お金と同様に大事な時間。この時間を記録しましょう。

私は、Excelに今日何をやるかを1つずつ入れて時間を見積もっています。実際にかかった時間がわかるようにして、自分の見積もりをチェックしているわけです。

これは何かに似ていると思わないでしょうか。

予算と実績の管理、つまり予実管理です。

リモートだからこそ、時間を徹底管理！

通常の予実管理はお金を管理するものですが、これは**時間を管理する**ものです。管理しないと時間は過ぎ去ってしまいます。

時間を記録しておけば社内で共有することもできますし、社内で仕事を依頼するときにも自分にどのぐらい余力があるかが明白です。

リモート経理では、リアル経理よりも自分を律することが欠かせません。いくらでもサボることはできます。その自分を律するために時間を管理し、「ちゃんと成果を出しているか」を自らがチェックするしくみが必要です。他人に言われて時間を管理するのは苦痛ですが、自分を律するため自分から時間を管理していきましょう。

たとえば、決算のために会計ソフトの預金残高をチェックする仕事を5分と見積もったものの、実際には15分かかったとします。

もし、このチェックを行っていなければ、また見積もり違いをしてしまうでしょう。この見積もり違いが積み重なると、いつまでたっても仕事が終わりません。

多くの場合、自分の仕事のスピードを過大評価しています。「がんばっているのに仕事が終

仕事にかかる時間を把握しておく

メリット
安全性
環境作り
コミュニケーション
3ステップ経理術
会社の守り方

わらない」原因は、この見積もり違いにあるのです。

ただ、この時間管理はかなり難易度が高く、最初はうまくいかないかもしれません。こうした時間の見積もりをやったことのある人も少ないでしょう。慣れるには相当の時間がかかりますが、身につければ絶大な効果があるものです。

私がフリーランスとして自分を律することができているのは、この時間管理のしくみを使っているからでもあります。リモート経理では自分を律することが欠かせません。

この時間管理のほか、私はやらないことリストを作ったり、毎日やることを習慣化したりすることによって、自分を律しています。


時間管理に欠かせないのは時間の制限です。「○時から×時まで働く」と決めておかないと、ダラダラ仕事をしてしまいます。時間を見積もって記録しても意味がありません。

ポイントはランチです。ランチの時間を決め、それまで集中して仕事をしましょう。

午前中は、考える仕事がしやすい時間帯です。私は11時にランチをとることにし、そこまで集中しています。また11時までは、アポやオンライン会議を入れません。自分だけの仕事をする時間帯にしています。早朝4時から5時に起きているので、7～8時間は集中できます。社内のルールとして、「午前中は連絡をとり合わない」と決めるのもオススメです。

誰も見ていない状況でも時間をコントロールできるかどうか。リモート経理、そしてこれからの働き方で大事なことです。

Section
31

「高級品だからよい」わけではない

肩こり、腰痛がなくなる机と椅子の選び方

体に痛みがあると仕事に支障をきたします。リモート経理でも体の負担を減らすことに気をつけましょう。会社に比べるとストレスは減りますが、仕事をする環境が整っていないことから、体に負担がかかる場合もあります。

費用負担の問題は別として、自分の好みの環境を作ることができるのもリモート経理の強みです。生産性に直結する机と椅子はきちんとそろえてみましょう。

机はできれば大きめのものを準備したいものです。

私はディスプレイを置くことも考えて、横幅が150センチ、縦幅（奥行き）が75センチの机を使っています。高さは75〜93センチに調整できます。イケアのフィンヴァルドという台に、リンモン（ホワイト／ホワイトステイン調）という板を合わせて使っています。高さ調整もできますので、イスと合わせて自分に合ったものにすることができます。

会社によくあるような事務机だとモチベーションが上がらないのであれば、おしゃれなものを買ってみましょう。イケアなら安くデザインがよいものも手に入ります。

椅子にも投資しましょう。オススメなのはヒジ当てが上下に動き、調整できるものです。

痛みの原因は「ヒジ当て」だった

2020年春に椅子を替えてみたら、腰や背中が痛くて苦しみました。いい椅子を買ったつもりなのですが、何が変わったのかを考えてみると、新しい椅子は、ヒジ当ての調整ができないものでした。痛みの原因はヒジ当ての調整の有無だったのです。クッションを当てるようにしたら痛みがなくなりました。ヒジの重みをどう処理するかが座っているときの負担に関わってきますので、自分に合ったヒジ当ての高さにできるのは大きなメリットです。

また、私はリビングにヨギボーという弾力性のあるクッションを置き、そこに座って、膝の上にパソコン置いて仕事をすることが多いです。クッションを背に、体重をかけ、少し後傾姿勢にして、背中とヒジの体重をクッションに預けます。リラックスしながら仕事ができますし、ヒジもクッションに置くことができるので疲れもそれほど出ません。

立ちながら仕事ができるスタンディングデスクもあります。通常の机で高さを電動や手動で調整できるものもありますし、専用のちょっとした小さなスタンディングデスクを準備してもいいでしょう。立って仕事をすると緊張感も生まれますので、ときどき使っています。

そして、体の負担をなくすには「長く仕事をしないこと」が一番効果的です。重々意識しておきましょう。

Section 32

不毛なやりとりを減らし、効率化しよう

データ共有はDropboxにすべてお任せ！

リモート経理で欠かせないのがデータ共有のしくみです。

メールやチャットでデータをやりとりできるとしても、毎回データ（ファイル）を送っていては大変です。データを共有するしくみを導入しましょう。

さまざまな選択肢がありますが、老舗でありデータの同期スピードも速いDropboxをオススメします。無料でも使えますが、有料でも年間1万円ほどで使うことができます。

フォルダを作り、共有したいデータを入れておけば、それぞれが編集閲覧することができます。経理のデータを社員から Dropbox に入れてもらうこともできますし、経理から社長へデータを共有することもできます。

共有する人ごとにフォルダを作り、共有範囲を変えることもできます。たとえば、社員全員が共有するフォルダ、社長と経理担当者のみが共有するフォルダという使い分けです。また、編集を制限したほうがいい場合は、Excel で設定できます。

社長も元のデータを見てみることをオススメします。出てきた資料だけではなく、生データを見ることでわかることもあるからです。

また、**Dropboxを使っていればファイルのバックアップにもなります**ので、いざというときにも慌てずにすみます。このバックアップは履歴として管理されていますので、1つ前のバージョンに戻したい場合にも対応できるのがメリットです。

データ共有は社内だけではなく社外ともできるもので便利ですのでぜひ導入しておきましょう。

Dropboxの注意点

Dropboxは同時に編集してしまうとデータが2つになってしまいます。この点にはよく注意してください。

同時に編集したいのであればGoogleのサービスを使う手もあります。具体的には、Googleスプレッドシート（表計算ソフト）、Googleドキュメント（文書作成ソフト）、Googleスライド（プレゼンテーションソフト）があります。ケースに合わせて使い分けていきましょう。

Googleスプレッドシートは無料ですが、WordやExcelに比べると、操作性が劣るところもありますので、注意したいものです。

たとえば、Excelには「Ctrl＋Shift＋1で桁区切りにできる」「入力規則（P180参照）が使える」「全角モードで数字を入力しても半角に修正される」という機能がありますが、Googleスプレッドシートにはありません。

Section 33

タブレットはパソコン代わりにならない

タブレットは書類確認のみに使う

Apple の iPad をはじめとするタブレットを「パソコンとして」使ってはいけません。「タブレット兼パソコンタイプ」もありますが、中途半端で使い勝手もよくありません。

ディスプレイにキーボードカバーがついているタイプのものは安定性に欠け、膝の上では使いにくく、場所を選びます。また、タブレットをパソコンとして使おうとするとアプリも違いますし、できることも違いますのでノートパソコンには到底及びません。

ただ、資料をチェックするときはタブレットがあると便利です。コストはかかりますが、**ノートパソコンとタブレットの両方を準備したほうが、リモート経理は間違いなくはかどります。**

リモート経理ではプリントアウトは極力避けます。しかし、パソコンの画面ですべての書類をチェックするのも大変です。こんなときこそタブレットを使います。タブレットだとペンを使ってチェックもできます。

もちろんプリンターを使わない、紙を使わないペーパーレスという仕事のやり方に、経理担当者が慣れなければいけません。

Section 34

自宅で集中するカギは環境

五感に心地いい環境を作ろう

集中できる環境、集中できない環境の差は、「五感」にあります。

- どんなものが見えるか→自分が気になるものは置かない、自分が気に入ったものを置く
- どんな音が聞こえるか→静かな環境がいいのか、音楽を流したほうがいいのか
- どんなにおいがするか→場合によってはアロマディフューザーなどを使いましょう
- どんなものをさわるか→使い勝手のいいパソコンや椅子が大事です
- どんなものを味わうか→気に入った飲み物、食べ物を口にする

私たちは生身の人間です。五感を大事にし、心地いい環境を作ることを心がけましょう。

私は、自宅で仕事をしたほうがはかどります。仕事の環境を整えているからです。

カフェで仕事をするときも環境作りを徹底して行います。

「他の人と近くにならないようにする」

「空いているカフェを選ぶ」

「イヤホンで音楽を聞き、雑音が入らないようにする」

「好きな飲み物を注文する」

このように集中できる環境を作り上げます。

環境を整えて、リモート経理にチャレンジ!

ここまで「五感に心地いい環境」について考えてきました。

さて、あなたの会社の環境はいかがでしょうか。

雑音があったり、まわりの人のデスクの様子が目に入ったりと、心地いい環境とは言い難いのではないでしょうか。心地よく感じる環境は人それぞれ異なります。

だからこそ、このリモート経理を通して自宅の環境を整えれば、仕事の効率が上がり、成果を出せる可能性も高まるのです。

環境作りをせずに、2020年にリモート経理を試みた方もいらっしゃるでしょう。しかし環境が整っていない状況では、自宅で仕事をしてもはかどりません。

今一度、自宅の環境をしっかり整えて、リモート経理に挑戦してみましょう。

Section
35

経理担当者とは別にＩＴ担当者を育てる

社長、経営者もＩＴを勉強すべし

リモート経理の環境として、理想はＩＴ担当者を置くことです。経理担当者がＩＴに詳しければ一石二鳥なのですが、そうとも限りません。ＩＴまで任せてしまうと負担になる可能性が高いです。かといってＩＴ担当者を採用するのも現実的には難しいでしょう。

現実的には、「社内でＩＴに興味がある方」「ＩＴに多少詳しい方」「積極的にコミュニケーションがとれる方」「学習意欲がある方」にＩＴ担当者として成長してもらうことをオススメします。

外部にＩＴを発注するにしても、社内に１人でも詳しいＩＴ担当者がいるのは大きな違いです。突拍子もない提案かもしれませんが、ＤＸ（デジタルトランスフォーメーション）といわれる時代。ＩＴ担当者はやはり欠かせません。

リモート経理に必要なＩＴスキルは、次のようなものです。

- タッチタイピング、ショートカットキーですばやく操作できる
- ファイルをどこに保存しているか整理し、把握できる

- パソコントラブルにある程度対応できる（再起動する、タスクマネージャーでソフトを停止する）
- 会計ソフトが使える
- Excel、Word、PowerPoint が使える
- メールが使える
- ビデオ会議ができる

これらのスキルを磨くには、セミナーに参加する、本を読むといった勉強が必要です。勤務時間外に行くのはなかなか難しいので、勤務時間内に勉強できるような環境を目指しましょう。費用負担も会社でできるように制度を作りたいものです。

サッカー選手が、ボールを使った練習だけではなく、ランニングや筋トレをするように、仕事もその流れの中でやるだけではなく、勉強が欠かせません。

ＩＴ活用で会社を変える

「２０２５年の崖」をご存じですか。複雑化・ブラックボックス化した既存システムが残っていると、２０２５年に大きな損失が出るという経済産業省の提言のことです。２０２５年を待たずとも大きな損失が出る可能性があるでしょう。基盤が脆弱な中小企業であればなおさらです。

しかしながら、中小企業の強みはそのフットワークの軽さではないでしょうか。一足先にＩＴを導入し、変革しましょう。その流れの１つがリモート経理です。

メリット
安全性
環境作り
コミュニケーション
3ステップ経理術
会社の守り方

Chapter

4

リモート経理を効率化する コミュニケーションテクニック

本章では、リモート経理を効率化するためのコミュニケーションについてまとめました。リモート経理はもとより、そもそも経理に必要なのは、相互の理解、コミュニケーションです。さらに踏み込んで、リモート経理ならではのコミュニケーションテクニックをまとめました。

Contents

- 時間外会議・メールは禁止。予約配信もNG！
- リモート経理の抵抗勢力を説得するコツ
- 言葉は「やわらかく、優しく」伝える
- メールでは「やってほしいこと」「期限」を明確に
- メールの件名に「至急」は厳禁
- リモート経理を機会に、「ちょっといい?」をなくす
- 資料のポイント「数字は少なく」「専門用語は言い換える」
- ビデオ会議は「ライト・背景・画面共有」に注意
- 気持ちよくビデオ会議を行う5つのコツ
- ビデオ会議で議事録をとってはいけない
- ビデオ会議飲みは3人がオススメ

Section 36

時間外会議・メールは禁止。予約配信もNG！

リモート経理で注意すべきは「仕事のやりすぎ」です。

「いつでも・どこでも・誰でも」できるからこそ、ルールを決め、徹底する必要があります。

リモート経理では、時間がより重要なものになります。どの時間帯に仕事をするかを徹底しましょう。せめて社内では時間帯のルールを決めましょう。ポイントは3つです。

①時間外に会議をしない

時間外に会議を予定しては、意味がありません。その時点で残業確定となるからです。リモート経理で気をつけなければいけないのは、ビデオ会議は早朝や深夜でもできてしまうということ。ルール化して、上司から守るようにしましょう。

②時間外にメールをしない

時間外にメールをしないようにしましょう。通知はオフにしていたとしてもメールを見てしまうと気になります。私は夜にお客様へ絶対メールをしません。

返事は明日でいいですと書いてあっても、メールが来るだけで気になります。プライベートの時間を楽しんでいたり休んでいたりしていたら、それをぶち壊してしまいます。

また金曜日にメールをしないようにしています。金曜日にメールをすると土日をまたいでしまう可能性があります。または土日にメールをして予約することも避けましょう。時間外にメールをしないことは非常に大事なことです。もちろん電話は絶対にしてはいけません。

③メールの予約配信を使わない

メールソフトやメールサービスによっては送信日時を予約できるものがあります。たとえば深夜や早朝であってもそれを次の日の日中に届くようにすることができるのです。

この予約配信を使ってはいけません。先方に届くのが日中であろうと、こちらが深夜や早朝にメールを送っているのであれば、生産性の観点からオススメできません。

Section 37

正しい知識とメリットを伝える

リモート経理の抵抗勢力を説得するコツ

リモート経理に反対する方もいらっしゃるかもしれません。

組織は結局のところトップダウンですので、社長がリモート経理をやると決断することが大事です。会社全体でとり組まないとリモート経理はできません。社長がリモート経理に反対してしまうと、そこで話は終わってしまいます。

そして経理担当者。変化を好むタイプではないことが多いので、経理担当者がリモート経理を望んでいない場合もあります。

まず、社員にリモート経理のメリットを理解してもらいましょう。

たとえば経費精算のＩＴ化に協力してもらう場合には、「このソフトを入れると入力がしやすくなり、チェックもしやすくなる」と伝えます。「こうしなきゃいけないから」では人は動きません。現実問題として、手書きで経費精算するよりもソフトに入力したほうが速くて正確です。

ここでネックになるのがＩＴへの抵抗感。ＩＴが苦手、ＩＴを使うのは不安という方も多いでしょう。「ＩＴは安全なのか？　危険ではないのか？」という声も多いかと思います。次のような方法で

ＩＴ導入を説明してはいかがでしょうか。

- Amazon や楽天市場などではクレジットカードで商品を購入しているはず。リスクをコントロールしながらＩＴの便利さ、効率を求めるべきではないか
- 新型コロナウイルスにより、先が見えなくなった。ＩＴにより効率化し、先を考えて新しいこともやっていかないと立ち行かなくなる
- 確かにＩＴには危険な部分もあるが、「ＯＳを更新する」「パスワードを強固にする」「怪しいメールは開かない」などを徹底すれば、自衛できる

「データをやりとりする文化」を作る

リモート経理導入は会社全体の改革の１つでもあります。ＩＴスキル、ＩＴへの抵抗があるとそれらの改革も進みません。リモート経理が先でもいいですし、他のことが先でもいいのですが、ＩＴを少しずつでも使うようにしてメリットを感じてもらう工夫をしていきましょう。次のようなことはやっておきたいものです。

- 社員全員にメールアドレスを支給し、一斉に連絡ができるようにする
- データでやりとりする文化を作る
- 連絡事項に紙を使わない

社員全員にメールアドレスを持たせることで、メールでのデータのやりとりができるようになります。社内に「データをやりとりする文化」を作りましょう。

グループウェア（コンピュータネットワークを活用した情報共有のためのシステムソフトウェア）の導入も検討してみましょう。サイボウズなら、1人月500円で導入できます。

このとき大切なのは「年齢や役職を問わず例外なく導入すること」です。ときには外部の専門家の力を借りつつ、リモート経理をはじめとするIT化を推し進めていきましょう。IT化ができないからリモート経理ができないわけです。

Section 38

テキストコミュニケーションの秘訣

言葉は「やわらかく、優しく」伝える

リモート経理では文字でのコミュニケーション、テキストコミュニケーションがメインとなります。実際に話すコミュニケーションと同様、より気をつけたいのは言葉のやわらかさです。私は5000日近く毎日ブログを書いていますが、言葉のやわらかさは徹底して意識しています。

たとえば、「○○を提出してください」「これは何か説明してください」「至急ご連絡ください」と文字にしてしまうと、ちょっときつい印象があります。**「ください」を封印するだけで、やわらかい印象になります**ので試してみましょう。

「○○を提出していただけませんか」
「念のためうかがいたいのですが、これはどういったものでしょうか」
「ご連絡いただけないでしょうか」

このように言い換えるわけです。

テキストだけだと、ドライで強い印象があります。重々気をつけましょう。

一方で、堅苦しいのも好ましくありません。

毎回の挨拶文が本当に必要かどうか、「○○様」が毎回必要かどうかは考えてみましょう。チャットであれば宛名や挨拶がなくても気軽に始められます。

チャットに慣れていないとメールのように堅苦しくなってしまいますので、気をつけましょう。

メールでも社内にルールを作って、最初にメールをするときには、○○さんや○○部長という宛名と挨拶を入れるようにし、その後に続くものは省略するのがオススメです。

マナーや個々の感覚で、足並みをそろえようとするとなかなかうまくいきません。ルールでそろえましょう。

Section 39

伝わらないのは自分のせい

メールでは「やってほしいこと」「期限」を明確に

メールをしてもなかなか伝わらない。そんな経験はないでしょうか。

「あの人はメールをちゃんと読まない」と怒らずに、まずは自分のメールを見直してみましょう。

ポイントは3つあります。

①やってほしいことが明確だったか

メールのやりとりを続けているとついつい見逃してしまいます。こちらがやってほしいこと、アクションは、箇条書きや、番号をつけて目立たせるようにしましょう。

経理担当者→社員、社長の場合、説明が不明確になりがちな原因として、次のようなものがあります。

- 経理の専門用語を使いすぎる
- 言葉がかたすぎる（経理の言葉は、厳しく見えがち）

● 長すぎる（まわりくどい説明は抜きに、シンプルに書く）

②いっぺんに頼んでいないか

5つも6つも一度に頼みごとをすると、そのうちの1つや2つがもれてしまうこともよくあります。一気にたくさん頼みごとをするのはやめましょう。メールでしっかり説明しても、たくさんだと読み飛ばしてしまいがちです。

③期限が明確か

「いつでもいい」では後回しにされます。

メールには期限を明記しましょう。会社のルールとして徹底しましょう。

会社全体でテキストコミュニケーション力を身につけることで全体の効率は上がります。

タイピング能力を磨こう

そもそもテキストコミュニケーションが苦手な方は、タイピングが苦手な方も多いです。タイピングスキルを磨くのも大事です。タッチタイピング、キーボードを見ずに入力するスキルとともにショートカットキーやスニペットツールを使うのがオススメです。

スニペットは「断片」という意味です。このツールを使うと、単語登録よりもすばやく入力できます。単語登録だと、たとえば「おは」と入れると、「おはようございます。井ノ上です。」と候補が出てきて、それを確定しなければいけません。

しかしスニペットツールなら、「IO」などと入れるだけで、瞬時に「おはようございます。井ノ上です。」が出てきます。この一瞬の積み重ねが大きな差になるのです。

スニペットツールはWindowsではPhraseExpressを使っています。設定しておけばメールを打つ負担も格段に減ります。

社内コミュニケーションはメール中心にすると決めれば、自ずと社員も慣れるはずです。ルールとして決めておくのがオススメです。

テキストコミュニケーションを避けて、従来どおりに話すことをメインにしてしまうと、リモート経理をしていても結局は電話が鳴り止まないでしょう。

Section 40

「メールのルール」を会社でつくっておく

メールの件名に「至急」は厳禁

メールがすぐに返ってくることを期待してはいけません。

それぞれやっていることがあったり事情があったりしますので、「すぐ」を求めないようにしたほうがお互いのためです。

メールの中に「至急」と入れたり、「すぐに」と入れたりすることは避けましょう。お客様と打ち合わせをしていたり、他の仕事をしていたりしたら、そのメールを見ることすらできないわけです。

特に上司から部下にメールをするときに気をつけたいものです。「上司からのメールはすぐに返さなければ」と思うのはいいのですが、それによって集中力が欠けてしまうのは会社として避けるべきでしょう。**「いつ何時までに返せばいい」を会社でルールとして決めておきましょう。**

たとえば「午前中のメールはその日のうち、午後のメールは翌日午前中までに返せばいい」と決めておけば、お互い急がなくてもすみます。そんな中で本当に至急ということもあるはずです。そのときは対応してもらえばいい話であり、「常に至急」は会社全体の効率化上好ましくありません。

そもそもメールが返ってこないのは優先順位が低いからです。信頼され、優先順位を高くしてもらうことも大事です。

「至急」案件を考えてみる

いつも至急だと、本当に至急なのかどうか判断がつきません。リモート経理でも、通常の経理でもそもそも「至急」という案件はさほどないものです。「至急」なのは次の3つくらいです。

- 期限までに入金がない→至急催促したほうがいい
- 期限までに支払っていない→至急支払ったほうがいい
- 月次決算で、金額が大きいものに関する問い合わせ

急がないと困るというものはあまりありません。それぞれがそれぞれの時間を尊重することで会社全体の効率が上がります。

Section 41

「他人の時間」をもっと大切に

リモート経理を機会に、「ちょっといい？」をなくす

リモート経理を機会に「ちょっといい？」をなくしましょう。

この「ちょっといい？」のひと言で集中力が途切れてしまいます。私自身、独立してから効率が飛躍的に上がったのは、職場の「ちょっといい？」がなくなったからです。

この本の原稿を書いているときも、スマホの通知はオフ、パソコン上の通知もオフにしています。効率が上がらないわけがありません。自分のタイミングでメールやチャットを確認しています。電話は仕事で一切使いません。

そんな状態、フリーランスじゃなきゃ無理だと思われるかもしれませんが、そうすることで集中できるなら、挑戦する価値はあります。

孤独を感じる方もいらっしゃるかもしれませんが、フリーランスは常にその孤独の中で闘っているわけです。みなさんにもできます。

一方で、定期的に雑談の場を設けるといった工夫も大事でしょう。またはテキストで差し障りのない程度にコミュニケーションをとることも欠かせません。

「通知」をオフにしよう

この「ちょっといい？」をなくすには、「通知をオフにする」ことから始めましょう。通知とは、スマホやパソコンの「メールが来た」「チャットが来た」というポップアップ（表示）や音のことです。これは「ちょっといい？」とほぼ同じだからです。

もちろんかんたんなことではありませんが、会社全体の効率を上げるためでもあり、個々が独立して仕事をするためでもあります。

上司からの連絡にはすぐ答えなければいけないという状態では、リラックスして仕事をすることはできません。

「いつでも聞ける」は「自分で考えない」につながります。聞く前に考えたり、過去の資料を見返したり、ネットで検索したりするクセは、これからの時代にはますます必要となります。

ルール上、「何時から何時は必ず通知をオンにしておく、何時から何時は通知をオフにしていい」などもできるでしょう。1日のうちに静寂の時間を作るようにしましょう。

「ちょっといい？」をしないようにも気をつけたいものです。「ちょっといい？」をしたくなったら、メールをする、メモして忘れないようにするなど、他人の時間を考えるようにしましょう。

他人の時間を奪う（いただいている）という感覚は社内でも大事ですし、どちらが上司かは関係ありません。

自分の時間だけではなく、他人の時間を大切にする視点はとても大切です。

Section
42

試算表をそのまま使わない

資料のポイント「数字は少なく」「専門用語は言い換える」

会計ソフトから出てくる資料で一般的に経理で使われるのは試算表です。この試算表は名前のとおり試算をするためのもので、資料として見やすいわけではありません。

実際にこれを読むことができるのは経理担当者だけでしょう。経理は会社全体で行うものですから、経理担当者だけが読める書類を作っても意味がありません。

むしろ、試算表は会計ソフトに入力すれば出てくるもの。なんの工夫もありません。

会社の数字をどこまで公表するかにもよりますが、共有のしかたは工夫したいものです。グラフでシンプルにまとめると、数字が苦手な方にも伝わりやすくなります。ポイントは下記の3点です。

①数字は極力少なく（目的は資料を見て行動すること。その行動に結びつく数字、たとえば増やしたい売上高や、減らしたい経費を載せる）

②伝えたいことを明確に

③専門用語、経理用語を使わない

図19 専門用語の言い換えリスト

損金	→ 経費
益金	→ 売上
月次決算	→ 今月の数字
試算表	→ 数字
キャッシュ、現預金	→ お金
支払う	→ 払う
受取利息、支払利息	→ 利息
地代家賃	→ 家賃
旅費交通費	→ 交通費
接待交際費	→ 交際費
受取手形、支払手形	→ 手形
売上原価	→ 原価
財務諸表	→ 資料
売上総利益	→ 粗利
金融機関	→ 銀行
計上	→ 入れる

資料としては「月別売上グラフ」「前年の比較グラフ」「決算予測・納税予測」「資金繰りの推移、予測グラフ」などは作っておくべきでしょう。

Excel か PowerPoint か

資料の共有もオンラインですることが想定されます。数字は少なく見やすいものにしていきたいものです。資料を作るならExcelまたはPowerPoint。日常的な資料はExcelで、ワンポイントで検討する資料はPowerPointがいいでしょう。

Excelであればさまざまなところから連動させてグラフを作り、会計ソフトのデータを貼り付ければその資料ができるしくみを作っておくと便利です。

資金調達の必要性がある、経費が大きく減った、人件費が増えてきているといった資料は、PowerPointを使ってA4用紙1枚で作ってみましょう。

日々の経理は試算表がゴールではありません。試算表では経営判断はできませんので、経営判断に効く資料を作りましょう。

Section 43

スムーズに進めるためのコツ

ビデオ会議は「ライト・背景・画面共有」に注意

ビデオ会議の効果を上げるために工夫をしましょう。ポイントは「ライト・背景・画面共有」です。

ライト

画面は明るくしましょう。通常部屋の明かりは強すぎるので、明るさを調整できるものにし、ちょっと暗くして補助的なライトを当てるのがオススメです。白い光と黄色い光があり、**日本人だと白を当てるとバランスがよくなります**（色白な方は、黄色を当ててみましょう）。その場合も、ライトをちょっと上に向けて直接自分に当てないほうが自然なものになります。

リングライトというわっか状のライトもありますが、通常のライトでも方向を変えられるものであれば問題ありません。私は部屋の照明を少し落とし、ＬＥＤのライトを天井に向けて斜めに当てています。間接的に光を当てるのが自然に見えるポイントです。真上からの強いライトは顔が真っ白になってしまうこともあるので気をつけましょう。

メリット
安全性
環境作り
コミュニケーション
3ステップ経理術
会社の守り方

背景

ビデオ会議は自分だけではなくその背景も映し出されてしまいます。自宅でビデオ会議をするときにはできる限り背景を工夫して生活感が出ないようにしましょう。家族が通りがかったりすることもないようにしたいものです。

ビデオ会議ツールのZoomは、バーチャル背景で好きな画像を自分の背景にすることもできます。ただしこのバーチャル背景を使うのであれば現実に沿ったものにしましょう。外の風景だったりきれいすぎるものだったりすると、かえって違和感があります。

また身振り手振りをしたり顔を動かしたりしたときに、自分とバーチャル背景が混ざることもあります。**バーチャル背景は使わず実際の背景のほうが好ましい**でしょう。部屋の配置も考えなければいけません。

画面共有

ビデオ会議では自分や相手のパソコンの画面を共有できます。PowerPointのスライドショーやPDFを共有できますので、これをうまく使いましょう。

Zoomは遠隔操作、リモート操作もできますので、会議の相手方のパソコンをこちらから操作することもできます。これらの機能をうまく使えば対面に近い打ち合わせができるはずです。

Section 44

マナーを守って、気持ちよく進めよう

気持ちよくビデオ会議を行う5つのコツ

気持ちよくビデオ会議を行うためのコツを5つ紹介します。

①ときには顔なしにする

ビデオ会議とは、ビデオカメラで自分の顔を映し出しマイクで話すものです。ただ、毎回カメラが必要かというと、決してそうではないでしょう。

「今日はカメラなしでやりたい」「顔を出さずにやりたい」なども許容したいものです。ちょっとした打ち合わせなのに、わざわざその準備をしなければいけないとなるとビデオ会議自体が億劫になってしまいます。

②雑音が入らないようにする

ビデオ会議では特に雑音に気をつけたいものです。相手がどのくらいの音量で聞いているかわかりませんし、イヤホンで聞いているならちょっとした音も拾ってしまいます。

そのためできるだけ静かな環境を作りつつ、可能であれば雑音が入りにくいマイク（単一指向性といわれるもの）を使うのがオススメです。また食べながら飲みながらビデオ会議をするときにはその音にも気をつけたいものです。

ヘッドセット、頭につけるタイプのマイクだとマイクが口に近く、その音を拾いすぎる場合がありますので気をつけましょう。お茶をすする音が聞こえたりしたら、げんなりしてしまいます。

③長くならないようにする

ビデオ会議も通常の会議と同様に短くすることを心がけましょう。ついついしゃべりすぎてしまい長くなってしまいがちです。

ビデオ会議を60分と考えず、30分、もしくは15分と短めに設定しましょう。そうしないとムダに長くなってしまいます。

④目線

ビデオ会議では目線に気をつけましょう。通常の打ち合わせと違って画面の相手ではなく、カメラに目を向けなければいけません。常に向ける必要はありませんが、時々カメラ目線にするように心がけましょう。

またノートパソコンのカメラで自分の顔を写すと、ちょっと上から見下ろす形になります。そうなってしまうと威圧感がありますので、ノートパソコンの位置を上げることができるスタンドを使ったり、本を積み重ねてその上にパソコンを置いたりして、下から上を見上げる目線になるようにしてみましょう。

社長、上司、経理担当者からの余計な威圧感は、あってはいけないものです。

最後に、「上司より先に退出してはいけない」というルールもあると聞きますが、生産性にまったく寄与しないので、やめましょう。

⑤カメラの位置

カメラに顔を近づけすぎないようにしましょう。ドアップで顔が映ると威圧感があり、参加者も落ち着きません。適度にカメラから離れて、バストアップ（上半身が見えるくらい）でちょうどいいです。

Section
45

ビデオ会議で議事録をとってはいけない

「本当にやる意味があるか」を考える

議事録自体が必要かどうかは重々考えましょう。会議の最初から最後を隅々まで記録をすることがどれだけ必要でしょうか。そもそも会議とは何かを決めるもの。その決まったことだけをメモしておけばよいのではないでしょうか。

そしてビデオ会議は必要最小限の人数でやるべきです。大人数だと話しにくいという特徴もありますので、なおさら人数が多くならないようにしましょう。

また、そもそもビデオ会議をすべきかどうかも考えておきましょう。メールだけでいい場合もあります。**資料を共有すればすむ話も多い**ものです。

リモート経理でも数字の報告は事前にメールを送っておき、お互い顔を合わせて決めたほうがいいことはビデオ会議で決めるという使い分けができます。

また、Zoomには録画機能があるので、それを共有することもできます。いざというときのために録画しておき、ビデオ会議中は、話すことに集中しましょう。

Section 46

ノミニケーションの新しい形とは？

ビデオ会議飲みは3人がオススメ

ノミニケーション、飲み会を介したコミュニケーションについて考えます。

今は飲み会もやりにくいです。ノミニケーションに頼らないコミュニケーションの必要があるでしょう。

オンラインで飲み会という方法もありますが、ビデオ会議ツールを使って大人数で飲み会をしてもそのシステムの性質上話すことができるのは1人です。通常の飲み会のように隣の人と1対1で話したり、テーブル単位で話したりはなかなか難しいでしょう（ビデオ会議システムZoomには小部屋に分けるしくみもあります）。

それぞれが自宅でオンライン飲み会をすれば好きなものを食べたり飲んだりできます。気軽ではあるので試してみる価値はありますが、飲み会に限らずビデオ会議で十分会話ができる人数は、3人がベストと考えます。

3人だと、それぞれが2人の顔を画面に並べて見ることができ、バランスがいいのです。話もどちらかにふればいいですし、交互にふることもできます。4人になると3人に対してとなるので、バラ

メリット
安全性
環境作り
コミュニケーション
3ステップ経理術
会社の守り方

ンスが悪くなります。３人ずつでコミュニケーションをとるのも１つの案です。

ただ、お酒が入っている必要があるのか、勤務時間外にやる必要があるのかと考えると、勤務時間内に雑談という形で行うのが好ましいでしょう。時間も定めやすいです。ランチでもいいでしょう。

オンライン飲み会はつい長くなってしまいます。そもそもお酒が入らないとコミュニケーションがとれないことが、本当にいいことかどうかという根本的なことを考えたいものです。

ただ、会社でのちょっとした雑談からアイデアが生まれることがあります。そういった雑談の場は、オンラインでも作っておきましょう。気軽にビデオ会議をしたりチャットルームを作ったりすることも効果的です。

１人で仕事をしている私は、会社に属していないのでなおさら孤独を感じます。そんな私がやっているのは次の３つです。

- ブログやＳＮＳで発信し、お互いの投稿を読む。どんなことをやり、どんなことを考えているかがわかる
- Facebook や Twitter などで気軽にメッセージする
- Facebook などで気軽に投稿できるグループを作る

社内ネットワークでもこうしたことはできます。部活動のようなイメージで、趣味ごとにチャットグループを作ることでも雑談の場は生まれるものです。

勉強会を主催し、参加者を募るのもいいでしょう。リモートワークであれば、社外とつながり、雑談の場を作るのもいい方法です。情報の幅も広がり、多様性も出てきます。

たとえばFacebookのコミュニティに属したり、SNSをやったり、経理担当者同士で集まってグループを作ったりなどです。

私がオススメしたいのは自らがコミュニティを作ることです。自らのコミュニティをつくり参加者を募集をすれば、ある程度コントロールができ、方向性も整えることができます。

Facebookグループなら非公開にし、「希望する方のみ追加」という形にすれば、コミュニティ内の秘密は守ることができます。

つながりも強すぎると、しがらみになります。そうではなく、ゆるくつながることがこれからの時代は欠かせません。そしてそのゆるいつながりは、ノミニケーションを必要としないものです。

Chapter

5

リモート経理で「集める→記録する→チェックする」

本章では、リモート経理の流れを確認します。経理の基本的な流れをおさえてこそ、リモート経理が実現できますので、しっかり確認しておきましょう。最低限知っておくべきことをまとめました。

Contents

Section 47

3ステップ経理術とは？

経理の基本は「集める→記録する→チェックする」

リモート経理について語る前に、経理の基本的な流れについて確認しておきましょう。

経理の基本的な流れは「集める→記録する→チェックする→活用する」です。

「集める」とは、経理のもととなるデータや証拠を集めること。レシートや請求書も含まれます。

「記録する」とは、その集めたデータや証拠に基づいて会計ソフトに入力すること。

「チェックする」とは、会計ソフトに入力した結果を確認すること。

「活用する」とはその結果に基づいて経営の意思決定をすること。この「活用する」は、Chapter 6で述べます。

作業に追われてしまうと、「集める」「記録する」で手一杯になり、「チェックする」で終わってしまい、最後の経営に「活用する」という一番大事な部分が失われてしまいます。そのため、**「集める」「記録する」「チェックする」をできる限り効率的にやっておく必要がある**のです。

ただし「チェックする」はそれなりに時間がかかるもの。現実的には「集める」と「記録する」をできるだけ自動化・効率化することが求められます。

たとえば**「集める」と「記録する」を同時にするしくみもある**わけです。ネットバンクを契約し、freee と連動しておけば「集める」と「記録する」が自動的に終わってしまいます。

ただ、取引をどういったパターンで登録するかを指定していく必要はあります。パターンを登録すればするほどラクになります。

たとえば、「NTTというキーワードが入っていたら、通信費として自動登録する」パターンを作っておけば、「10／31 13,875 NTT東日本ご利用料金9月分」の明細は「通信費」として自動登録されます。

人間が通帳を見ながら手入力することは一生なくなるのです。従来であれば、記帳してその通帳を見ながら、経理担当者が逐一入力しなければいけませんでした。

もちろん、自動登録パターンを作る必要はありますし、最終的には人の目でチェックしなけ

3ステップ経理術とは？

①集める　②記録する　③チェックする

ればいけません。しかし大半の取引は繰り返すものですので、パターン化しやすく、大幅に効率化できます。

次のようなデータもfreeeと連動させることが可能です。

- クレジットカードで決済した経費
- レジの売上データ（Airレジ、スマレジなど）
- カード決済サービス（PayPal、Squareなど）
- 交通系ICカード（Suicaなど）
- ネットショッピング（Amazon、楽天など）

予め設定しておけば「集める」と「記録する」がほぼ同時にできます。

具体的には、各データを見ることができるサイトのIDとパスワードを会計ソフトfreeeに入力し、会計ソフトfreeeからそれらのデータを見ることを許可することになります。

時代の流れとともに経理が本来の役割を果たしやすくなっています。「集める」「記録する」「チェックする」を効率化し、「活用する」に注力するのを見据えて経理を行いましょう。

Section 48

ハンコはいらない

署名でも口頭でも、契約は成立する

「ハンコが必要」という法律はありません。**署名でも、口頭でも、メールでも契約は成立**します。

ただ、ハンコには契約の裏付け、証拠能力を高める可能性があります。

「ハンコさえ押していればいい」と、責任者が押印していないケースもあるはずです。「なんとなく」「これまでもやっていたから」「差し支えないから」という理由で、続いている場合も多いのではないでしょうか。

最も大きな問題は、取引先から「ハンコが必要」と言われれば、ハンコを押さざるをえないことです。ハンコをなくすには、「取引先に確認する」か「なくしてみて反応を見る」かになりますが、後者のほうがオススメです。

私自身、請求書、領収書といった経理書類にハンコは一切押していません。電子印鑑を使っています。これまで、指摘されたのは役所（神奈川県、経済産業省）だけでした。ハンコが理由でリモート経理ができないくらいであれば、試しになくしてみましょう。大半はなくせるはずです。

Section 49

「銀行に行く」必要がなくなる

［集める］ネットバンクをフル活用する

「集める」で積極的に使うのはネットバンクです。

ネットバンクとは銀行が提供するサービスで、インターネットで明細を確認でき、振込もできます。リモート経理にはこのネットバンクが欠かせません。

各銀行がネットバンクサービスを提供しており、それぞれ使い勝手が違います。ネットバンクの利用手数料もまちまち。メガバンクだとそれなりの金額がかかる場合も多いです。ただ、利用手数料がかかるとしても時間を買うためには欠かせない投資と考えましょう。

なお、ゆうちょ銀行であれば利用手数料はかかりません。デメリットとしては、節税の1つである経営セーフティ共済の手続きに使えないことです。

経営セーフティ共済とは、最大月20万円の掛金で、全額経費にできる共済制度です。もし、取引先が倒産等をした場合には、掛金の10倍までを借りることができます。また、40か月掛金を払えば、解約しても100％戻ってくるので、使い勝手もいい制度です。

金融機関が窓口になっており、その窓口に、ゆうちょ銀行やインターネット専業銀行（実店舗がない銀行）は、指定されていません。

住信SBIネット銀行、楽天銀行、ジャパンネット銀行など、インターネット専業銀行なら利用料がかからないので、口座を持っておいたほうがいいでしょう。こうした銀行では、社会保険料の引き落としができない、ゆうちょ銀行と同様に経営セーフティ共済に加入できないデメリットもありますが、メガバンクに固執せずにこれらの銀行を使うのも1つの方法です。

結論としては、通常の銀行を1つ、ゆうちょ銀行またはインターネット専業銀行の口座を1つ持つのが現実的でしょう。

ネットバンクのメリット

ネットバンクを使えば経理の手間が格段に減ります。1つは外出、銀行に行く手間。「通帳を記帳する」「銀行で振り込む」といった手間がなくなります。

銀行の取引をデータで集めることができるのが、ネットバンクの本当のメリットです。このデータがなければ、通帳を見ながら地道に入力しなければいけません。そんなことに経理担当者の時間を使わないようにしましょう。また、ネットバンクであれば会計ソフトと連動させ、「取引を自動的に登録する」こともできます。

ネットバンクは「ネットで取引ができる」だけではなく、外出時間を減らし、入力時間を増やすという絶大なメリットがあります。通帳を自宅に持ち運ぶこともしなくてすみます。リモート経理に欠かせないものです。

メリット
安全性
環境作り
コミュニケーション
3ステップ経理術
会社の守り方

Section 50

「日付、店の名前、内容、金額」があればOK

［集める］領収書はいらない。レシートでいい

あなた　「領収書をお願いします」
店員　「宛名はいかがいたしましょうか？」
あなた　「○○株式会社でお願いします」
店員　「○△様ですね」
あなた　「いえ、○○です」
店員　「失礼しました」

こんなやりとりはもう世の中から消し去りましょう。領収書をわざわざもらう必要はありません。通常、モノを買えばレシートを受けとるかと思いますので、そのレシートで経理をするようにしましょう。店員の方の手間もなくなります。世の中のためにもいいことなのです。

効率化には、「誰かを待たせているかどうか」という視点が大事です。自分だけではなく、全体の効率化を考えなければいけません。

宛名のある領収書が経理上必ずしも必要なわけではなく、レシートで十分要件を満たします。その要件は、「日付、店の名前、内容、金額」です。この4つがあれば問題ありません。店の名前もなく日付も印字されていないものは要件を満たしませんので、領収書をもらわなければいけません。

レシートであろうと領収書であろうとその中身でチェックするようにすれば会社の経費として認めることができるわけです。社内規定で領収書をもらう必要があれば、その規定自体を変えてしまいましょう。リモート経理をやるにはその覚悟も必要です。

領収書はいらない。レシートでOK

Section 51

〔集める〕紙の請求書をどんどんなくす

リモート経理の敵は紙です。請求書を紙で受けとること、紙で発行することをできる限りなくしましょう。請求書の処理方法は2つあります。

1つはPDFで送る方法です。

これをスタンダードにしましょう。メールに添付してPDFで送ることができます。**請求書に押す印鑑に法的な意味はありません。**スキャンしたデータや電子印鑑で十分です。

電子印鑑は次のように作りましょう。

電子印鑑の作り方

- 白い紙に印鑑を押す
- その紙をカメラ（スマホ）で撮る。明るいところで、Evernoteアプリを使うときれいに撮れる
- 画像をパソコンで開き、Excelに貼り付ける
- Excelで画像を選択して「図の形式」→「背景の削除」を選ぶ。印影が消えてしまうときは、上部

の［保持する領域としてマーク］をクリックし、印影部分をクリック。背景が削除できていないときは、［削除する領域としてマーク］をクリックし、背景部分をクリックして、［変更を保持］をクリックする。印鑑画像の背景が透明になり、扱いやすくなる（図1）

もう1つは紙で送る方法です。お客様から「どうしても紙で受けとりたい」という要望があった場合の緊急避難措置です。こちらは紙を出さずに先方に紙で届けることができるしくみがあります。

日本郵便が運営するWebゆうびんというサービスではPDFやWordのデータをアップすればそれを先方に郵送で届けてくれます。A4サイズ1ページで99円（白黒）、カラーだと146円です。

そのコストだけでプリントアウト、封入、投

図1　電子印鑑を使いやすくするコツ

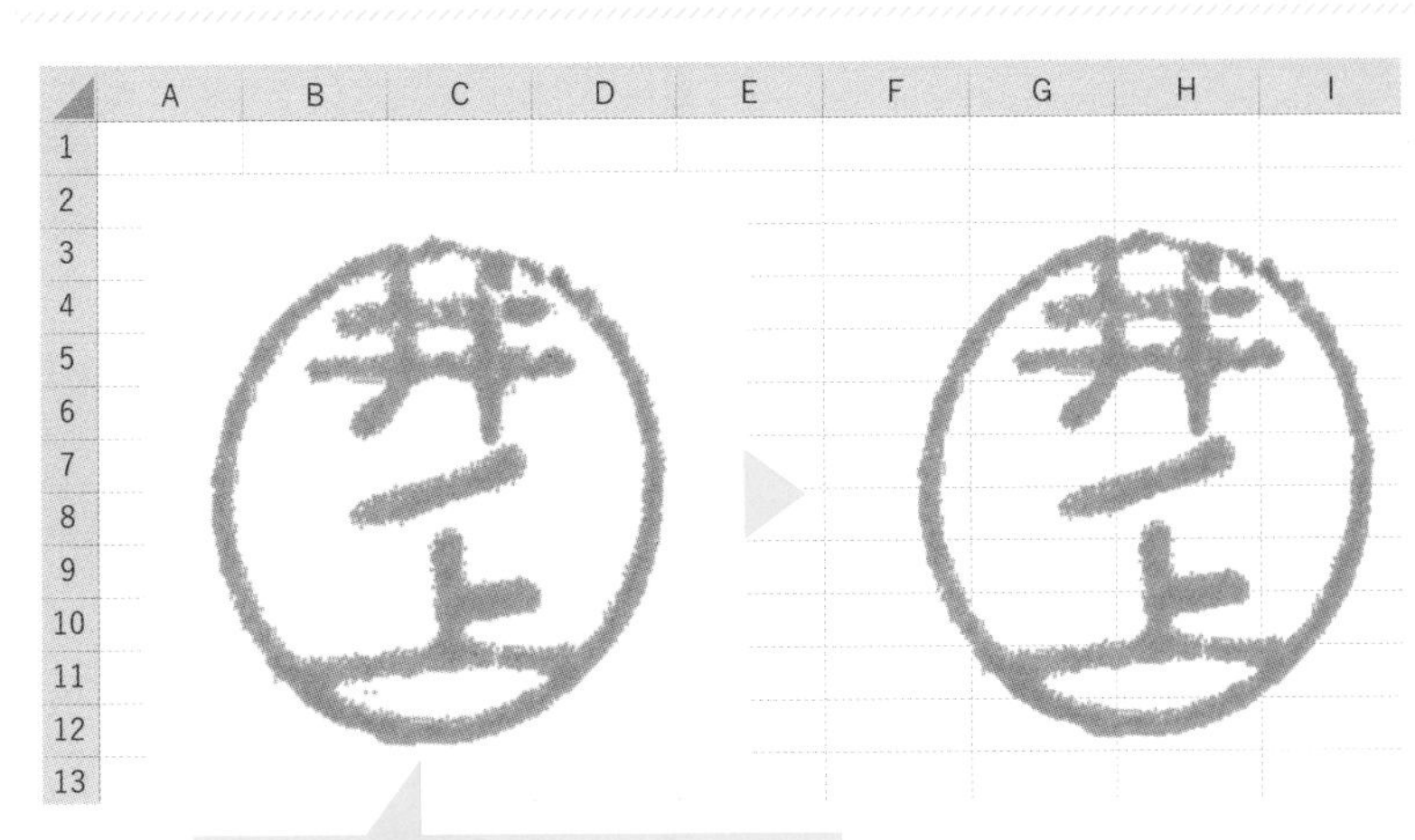

メリット
安全性
環境作り
コミュニケーション
3ステップ経理術
会社の守り方

函という手間をなくしてくれます。

また請求書ソフトを使えばブラウザ上でデータを入力しそれを先方に紙で届けてくれます。クラウド会計のfreeeでは1通税抜150円です。こういったものも利用してみるとよいでしょう。どこにいようと請求書を出すことができるわけです。

加えて、スキャンしてデータでいつでも見られるようにしておきましょう。

「データだけ保存する」ことは法的に問題ですが、「データでも保存する」ことはなんの問題もありません。

もし紙で提出しなければいけないときには、そのときだけプリントアウトしましょう。

謄本（とうほん）や抄本（しょうほん）もコピーでいい場合もあります。最新のものを必ずスキャンして持っておきましょう。

それをプリントすればよく、謄本を請求する手間がなくなります。

Section 52

経理担当者にレシートを丸投げするのはやめさせよう

［集める］経費精算は「データ↓レシート」の順で

経理で手間がかかるのは経費精算です。

なぜ手間がかかるか。それは紙でやるからです。会社全体でとり組み、効率化していきましょう。

社員がレシートを経理担当者に出すだけだと、経理担当者がそのレシートをひたすら打たなければいけなくなります。

またリモート経理であっても、そのレシートを経理担当者に渡す手間もあるわけです。

社員ひとりひとりが経理担当者に経費のデータを渡せば、精算もチェックもラクになります。社長に関しては、誰かが担当してもいいでしょう。

社員：レシートをデータ化し、送る（レシートは後日提出）
経理担当者：データをチェックする

これを徹底しましょう。

経費精算ソフトを使えば、このしくみは作れますが、会計ソフトfreeeにもこの機能はあります（freeeのベーシックプラン以上のみ）。

freeeの便利機能

freeeには、スマホでレシートをスキャンすればある程度読みとってくれる機能があります。レシートの画像も添付できるので、データとして経理担当者に渡すことができるのです。

たとえば、1月12日にスターバックスで打ち合わせをして、1000円だった場合、そのレシートをスキャンすれば、「1／12　会議費　1000円　スターバックス」というデータとして読みとられます。

もし読みとられない場合は、修正したうえで申請ボタンをクリックすれば、クラウド上に保存されます。それを上司や経理担当者がチェックし、承認するのです。

もちろんそのスキャンしたデータが正しく読みとれているかどうかのチェックは社員の仕事となります。そうしなければ経理担当者が確認する仕事が増えるからです。

また、こういったシステムを入れなくても、日頃使い慣れたExcelに入れ、それを経理担当者に提出する手もあります。

経理担当者に提出する手間もなくすために、クラウド（Dropbox）で常にそのExcelを保存するようにすれば、決まった日時以降に経理担当者がチェックするだけですみます。共有を重視するのであれば、Googleフォームを使って経費を入力してもらい、それを1つの場所に集約するしくみを作ることができます。

レシートを捨ててはいけない

現状の法律ではレシートを捨てることはできず、保管する必要があります。**レシートは原則として7年間保管する必要があります。**保管したレシートを次に使うのは、税務調査のときです。税務調査では、通常直近3年分のレシートがチェックされるので、最低限、月別にわけて保管しておけば十分です。

ただ、経費精算で最初に必要なのはデータですので、レシートは後回しにして、データを先に経理担当者に提出するようにしましょう。

レシートは後でまとめて会社に送っておくか会社に保管しておけば十分です。紙であるレシートを確認しなければデータ入力ができなかったり、集めることができなかったりするわけではありません。

もちろん入力間違いはあるでしょうから確認をしなければいけませんが、経理担当者がすべてを確認するのは非現実的です。金額の大きいもの、たとえば1万円以上はチェックする、ランダムにいくつかだけ確認するなどのことをやっておきましょう。1円の間違いをチェックするのが経理の仕事ではありません。

Section 53

［集める］

決済方法を変えれば、紙を減らせる

経理でデータを集める場合に、決済方法を工夫すれば紙を減らせる可能性があります。たとえば現金でお客様から受けとってしまうと、領収書を必ず作り、そのお客様へ渡さなければいけません。５万円以上なら収入印紙も必要です。

決済方法として、現金を使わないキャッシュレス決済である**「振込」**や**「カード決済」**を導入しましょう。キャッシュレス決済は双方にメリットがあります。

これが振込であれば、請求書を事前に出すか領収書を後に出せばすみます。両方とも準備する必要はありません。しかしお客様が希望した場合は領収書を出さざるをえなくなります。個別対応することとしましょう。

領収書はＰＤＦで！

また領収書を発行する場合もＰＤＦで送る手があります。郵送で送りたい場合はＷｅｂゆうびんを使いましょう。そのＰＤＦをアップロードしカラーで印刷するように設定すれば領収書を送ることができます。プリントアウト、インク交換などの手間はなくしましょう。

クラウド会計ソフトfreeeでも、会社印のデータを付けて領収書を作ることができるので試してみましょう。また無料の領収書作成サービス（領収書.net）もあります。

カード決済を導入すれば、その内容がメールで届いたり、ネット上で領収書を発行できたりしますので、こちら側の手間を減らすこともできるのです。

領収書を出す場合もカード取引なら収入印紙は必要ありません。カード決済やスマホ決済は、その決済会社と契約する必要があります。

カードであれば、Square、PayPalなど、スマホであればPayPayやLINE Payなどです。店頭決済か、ネット決済かで導入できるものが変わります。

決済の手段を変えることで経理を効率化しデータを集めやすくなります。決済手数料は約4％と安くはありませんが、それを上回るメリットがあります。ぜひ決済方法を工夫していきましょう。

Section
54

役所や税務署に行く必要はありません

［集める］

納税、謄本、印鑑証明。すべてネットでOK

一昔前までは役所や税務署に行くのも経理担当者の仕事でした。今はそんな必要はありません。たとえば納税であれば、ネットバンクやクレジットカードでできるしくみ、振込でできる（ペイジーを使う）方法があります。わざわざ金融機関や税務署に行かなくてすむわけです。

納税

納税について、国税（法人税、消費税、源泉所得税等）に関してはe-Tax（国税庁のインターネットサービス）で申告書を提出した後に、e-Taxにログイン後のメッセージボックスにあるデータを確認することでネットバンクやクレジットカードで払うことができます。

また事前に税務署に届け出をすればダイレクト納付という引き落としもできるようになります。当日と日付指定で引き落としを設定することができますが、当日に引き落とすようにしておきましょう。残高不足ということもありますし、日付を指定して引き落としをかけるとその引き落とし日に確認する手間が生じるからです。

謄本

金融機関からの借入や契約で謄本を使うことも多いでしょう。

かんたん証明書請求という法務省の「登記・供託オンライン申請システム　登記ねっと　供託ねっと」による請求方法で、かんたんに請求することができます。ネットで手続きして振込で払えば、郵送で謄本が届くのです。追加料金を払えば速達指定もできます。

印鑑証明書

会社の印鑑証明書をネットでとるのは少々手間がかかります。事前に法人の電子証明書をとっておかなければ請求ができないのです。もし頻繁に請求するのであれば、電子証明書をとっておく価値があるでしょう。電子証明書は、次のような手順でとります。

①電子証明書をとるためのソフト（商業登記電子認証ソフト）をダウンロード、インストールし、データをＵＳＢメモリ等に入れ、申請書をプリントアウトする
②法務局へ行き、データと申請書を提出し、電子証明書のシリアル番号を受けとる
③商業登記電子認証ソフトにシリアル番号を入力する

法務局へ行かなければいけないのがネックです。印鑑証明書をとり寄せるには、申請用総合ソフトをダウンロード、インストールした上で、次の手順を踏む必要があります。

①ソフトで電子証明書にて手続きし、決済して申請
②郵送で印鑑証明書が届く

この手順を踏む必要があります。社長個人の印鑑証明書が必要な場合もあり、その場合はマイナンバーカードがあればコンビニでもとることができます。社長にマイナンバーカードをとっておいてもらいコンビニでとるのが早いです。

納税証明書

納税証明書もちょっと手間がかかります。納税証明書をネットで請求するには社長のマイナンバーカードが必要となるからです。マイナンバーカードとともにカードリーダーも準備しなければいけません。これがない場合は郵送での請求になってしまいます。

マイナンバーカードは、社長の自宅の役所へ申請し、その後通知が来たらとりに行く必要があります（1か月ほどかかります）。

カードリーダーは、市販のものでマイナンバーカード対応のものを買いましょう。私が使っているのは、NTTコミュニケーションズのACR39-NTTComです。

Section 55

給与計算ソフトを導入しよう

［集める］給与明細を紙で渡してはいけない

給与明細は重要な書類であり、情報としてもれてはいけないものです。給与を公開する会社も増えてきましたが、現実的には難しい場合がほとんどでしょう。この機密を守ることはリモート経理と非常に相性がよいものです。

通常給与明細を紙で渡す場合は、プリントアウトして封筒に入れて郵送、または手渡しになるでしょう。これはリモート経理の大敵です。**給料日前に必ず出社しなければいけない状態は会社全体で阻止しましょう。**

では給与明細をどのような形で渡せばいいのか。

オススメなのはネット上で確認できる形です。それぞれが専用のサイトにログインして自分の給与明細を確認し、必要があれば自身の責任においてプリントアウトしてもらいます。

そもそも給与明細が紙で必要な社員がどれだけいるでしょうか。

紙でもらうことによって情報漏えいのリスクもありますし、気分的にも落ち着かないのが現状ではないでしょうか。

給与計算ソフトを活用！

この給与明細をネット上で確認できるようにするには、会計ソフトとは別に、対応している給与計算ソフトが必要です。クラウドの給与計算ソフトである人事労務freeeやジョブカン給与計算などであればこれらに対応しています。

人事労務freeeであれば、会計freeeと給与計算後の仕訳の連動もスムーズですが、それを気にしないのであれば、ジョブカン給与計算のほうが安く、使い勝手もいいので検討してみましょう。

人事労務freeeは名前のとおり、労務業務全般を扱うのに適しています。シンプルに給与計算、そして年末調整をやるならジョブカン給与計算もオススメです。

税金や社会保険料の計算は難しく、給与計算ソフトがないと間違いが起こりがちです。大切な給与計算を正しくやるためにも導入を検討しましょう。

給与計算ソフトがクラウドであればリモート経理で経理担当者や人事担当者がどこにいても給与計算ができるメリットもあるわけです。

データの移行や設定は大変かもしれませんが、給与計算ソフトの導入、現状の給与計算ソフトからの乗り換えも考えてみましょう。

Section 56

2020年から電子化が進む

集める　リモート経理での年末調整方法

年末調整は経理担当者、人事担当者の悩みの種です。膨大な紙と手間が必要だからです。リモート経理で年末調整に対応するのであればソフトが必要です。

前項で述べたクラウド対応の給与計算ソフトであれば、給与計算ソフトのコストは1人500円程度。年末調整のデータ作成もラクになります。法律上も各個人がIDとパスワードでログインして入力しても、それをデータとして保管しておいても問題ありません。

これをやらないと、年末調整で、各社員が最大3枚の紙を準備しなければいけません。また2020年から年末調整が改正となり、その内容がさらに複雑になりました。それぞれの社員の手間をなくしリモート経理を実現するために、次の年末調整からでもデータ化したいものです。

紙をなくさないとリモート経理はできません。この年末調整の用紙もなくしましょう。

難解な用紙に書くよりも、パソコンやスマホで質問に答えたほうが、社員もラクです。

データで年末調整をするのに必要なのは前述した給与計算ソフト（人事労務freeeまたはジョブカン給与計算）、各社員のメールアドレスです。

会社でメールアドレスを準備していない場合でも個人のメールアドレスがあればできます。ただし、生命保険の控除証明書や住宅ローン控除の書類はとっておかなければいけません。データとして入力しつつ控除証明書は別途回収するようにしましょう。それでも最大3枚の書類を準備することがなくなるのでラクになります。

一方、2020年に、国税庁でも年末調整アプリが無料で提供されました。

しかしながら、パソコンまたはスマホにそれぞれの社員がインストールしなければいけないという大きな手間があります。また各社員にデータを別途提出してもらわなければならず、さらにそれを年末調整ソフトにとり込む必要があり、かなり手間がかかります。

マイナンバーカードがあれば生命保険会社のサイトと住宅ローン控除のデータを連動することはできますが、マイナンバーカードそしてカードリーダーを準備してもらうのはかなり難しいでしょう。現実的ではありません。生命保険会社のサイトからデータをダウンロードして連動すれば紙を保管しなくてもすみますが、すべての保険会社でできるわけではありません。保険会社ごとに様式が違い、操作方法も違うので、これもまた現実的ではないでしょう。

もしこの無料のアプリを使うのであれば、前述した方法と同様に3枚の書類をなくすためだけに使ったほうが得策です。年末調整を外注した場合も、外注先によっては、各社員が3枚の用紙を準備する手間が増えます。リモート経理に対応している業者を選ぶ必要があります。前述の方法で年末調整をなんとかデータ化したいものです。

Section 57

動画とテキストで使い分ける

［集める］

独自の経理マニュアルを作っておく

経理にはマニュアルが必要です。どういった手順で何をやればいいか、どこに気をつければいいかをまとめたものを作成しましょう。経理を社員に任せることができるようになります。

大事なのはでき合いのパンフレットやマニュアルを流用しないこと。一般向けに作られたパンフレットやマニュアルは自社の社員には合わない可能性があります。

経理担当者や社長自らが作ることに意味があるのです。そして必要であれば、そのマニュアルを随時改定し、社員の意見を反映させていきましょう。

動画でマニュアルを作る方法もあります。スクリーンショットをその都度とるのは大変です。工程が長いものは、動画で作ったほうがラクです。ブラウザを操作して登録するような流れは動画のほうがいいでしょう。

動画の欠点は、編集が大変なこと。改善バージョンとして送り直すことはできますが、そういった欠点もあります。

とはいえ、動画のほうが伝わりやすいのも事実です。

会社であれば音を出すのはなかなか難しいかもしれませんが、それぞれが自宅で見る場合は音を出すことができますので、動画の重要性はますます増しています。私はCamtasia Studioという動画収録・画編集ソフトを有料で使っていますが、Windowsなら、標準搭載の機能で画面収録することもできます（Windowsの［設定］→［ゲーム］→［ゲーム バー］をオンにします）。

動画マニュアルのポイント

編集までするとと大変ですので、まずは編集を考えずに収録を考えましょう。動画でマニュアルを作るなら、次の3点に気をつけてください。

- ゆっくり話す
- ゆっくり操作する
- 経理用語を言い換える

可能であればテロップもつけましょう。**誰もが動画の音声を出して見ることができるとは限らない**からです。Camtasia Studioで編集するなら、画面を拡大したり、マウスカーソルに色をつけたりすることもできます。

テキストベースでマニュアルを作るのであれば、GoogleドキュメントやGoogleスライドがオススメです。Googleのサービスでありデータを共有することができ、こちらが編集すると即座に反映されます。

WordやPowerPoint、PDFで配ってしまうと、編集後、再度送らなければいけません（WordやPowerPointも共有できますが、Googleほど使い勝手はよくありません）。

編集権限はマニュアル作成者のみにしておけば、「社員は編集できないが、見ることはできる」という設定もできます。

テキストでマニュアルを作るなら、次の3点に気をつけてください。

- スクリーンショット（画像）をふんだんに使う
- ステップ（段階）を飛ばさず、丁寧に1段階ずつ作る
- 声を聞き、改善していく

動画と違って編集がかんたんで、常に改善できるのがテキストのメリットです。要望や質問を受け付けるのであれば、Googleフォームで現場の声を拾うことができます。

Googleフォームとは、無料で使えるGoogleのサービスです。フォームに入力された現場の声はExcel形式のデータ（Googleスプレッドシート）にまとめることができます。

メリット
安全性
環境作り
コミュニケーション
3ステップ経理術
会社の守り方

Section 58

ボタン1つで「CSV形式」のデータができる

［集める］知っておくと便利なExcelマクロを紹介

Excelにはマクロという操作を自動化する機能があります。データ処理を効率化できるので、ぜひマスターしてください。例を1つご紹介します。会計ソフトにとり込むため、ExcelファイルをCSV形式で保存する必要があります。そのとき「名前を付けて保存」→「CSV（ファイルの種類）で保存」という操作を頻繁に行います。しかし次のコードを書けば、この操作を自動化できます。

```
Sub import()

  ActiveSheet.Copy
  ActiveWorkbook.SaveAs Filename:="import.csv", FileFormat:=xlCSV, local:=True
  ActiveWorkbook.Close

End Sub
```

2行目で該当のシートを新しいファイルにコピーし、3行目でそのシートをCSVデータとして名前をつけてファイルを保存し、4行目でファイルを閉じています。

新しいファイルにコピーするのは、元のExcelファイルに変更を加えないようにするためです。ファイルを閉じているのは、その後CSVファイルを使うため、いったん閉じておいたほうがいいからです。このコードを使う手順を解説します。

ExcelでAlt＋F11を押してみてください（AltキーとF11キーは同時押し）。図2のようなソフトが起動します。これがVBE（Visual Basic Editor）というソフトで、コード（プログラム）を書き、マクロ機能を使えるものです。

VBEのメニューから［挿入］→［標準モジュール］を選びましょう。すると図3のようにマクロを入力する場所ができますので、ここ

図2　マクロを書くソフト、VBE（Visual Basic Editor）

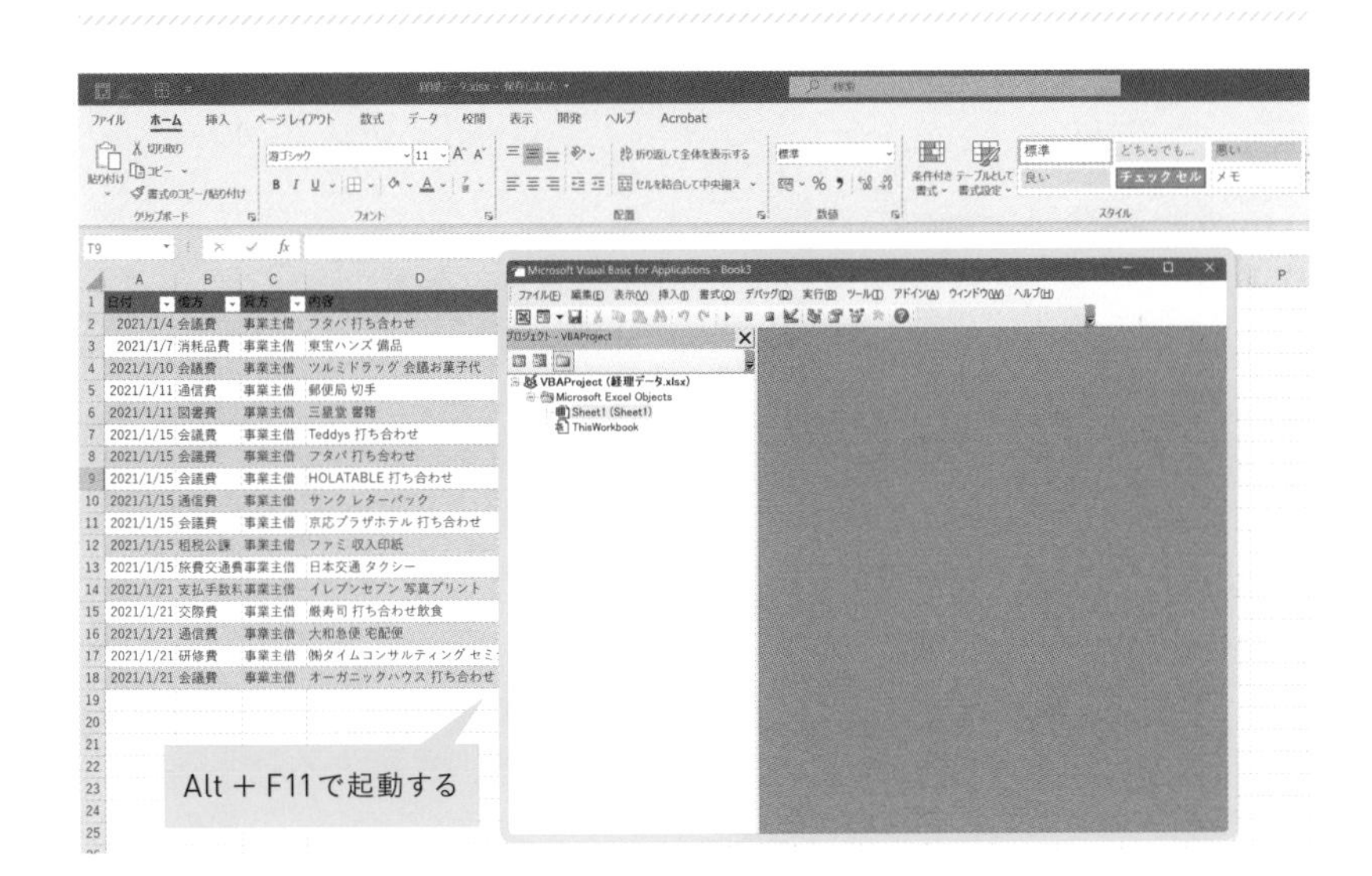

図3　コードを入力する場所

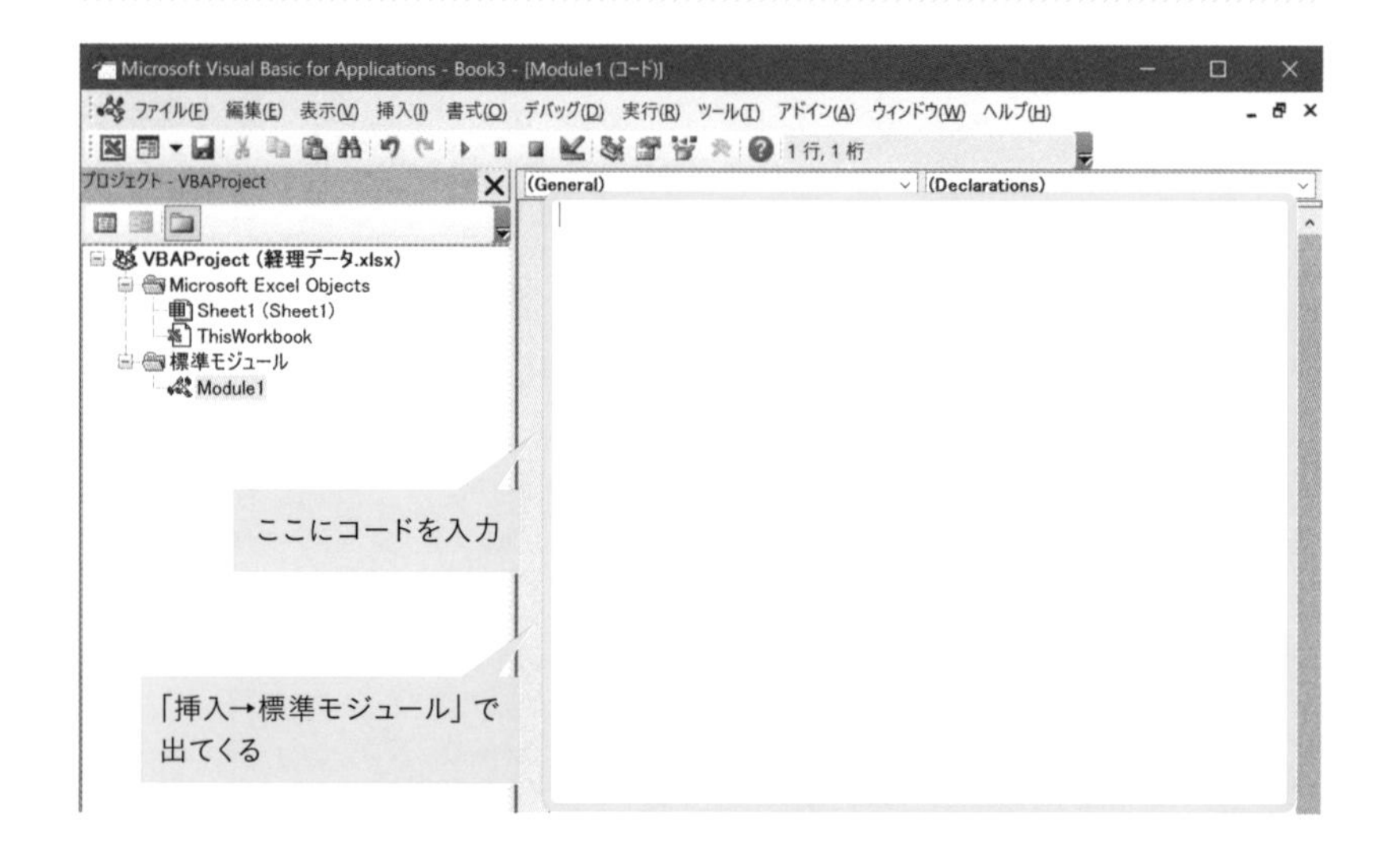

図4　マクロを実行するショートカットキーを設定

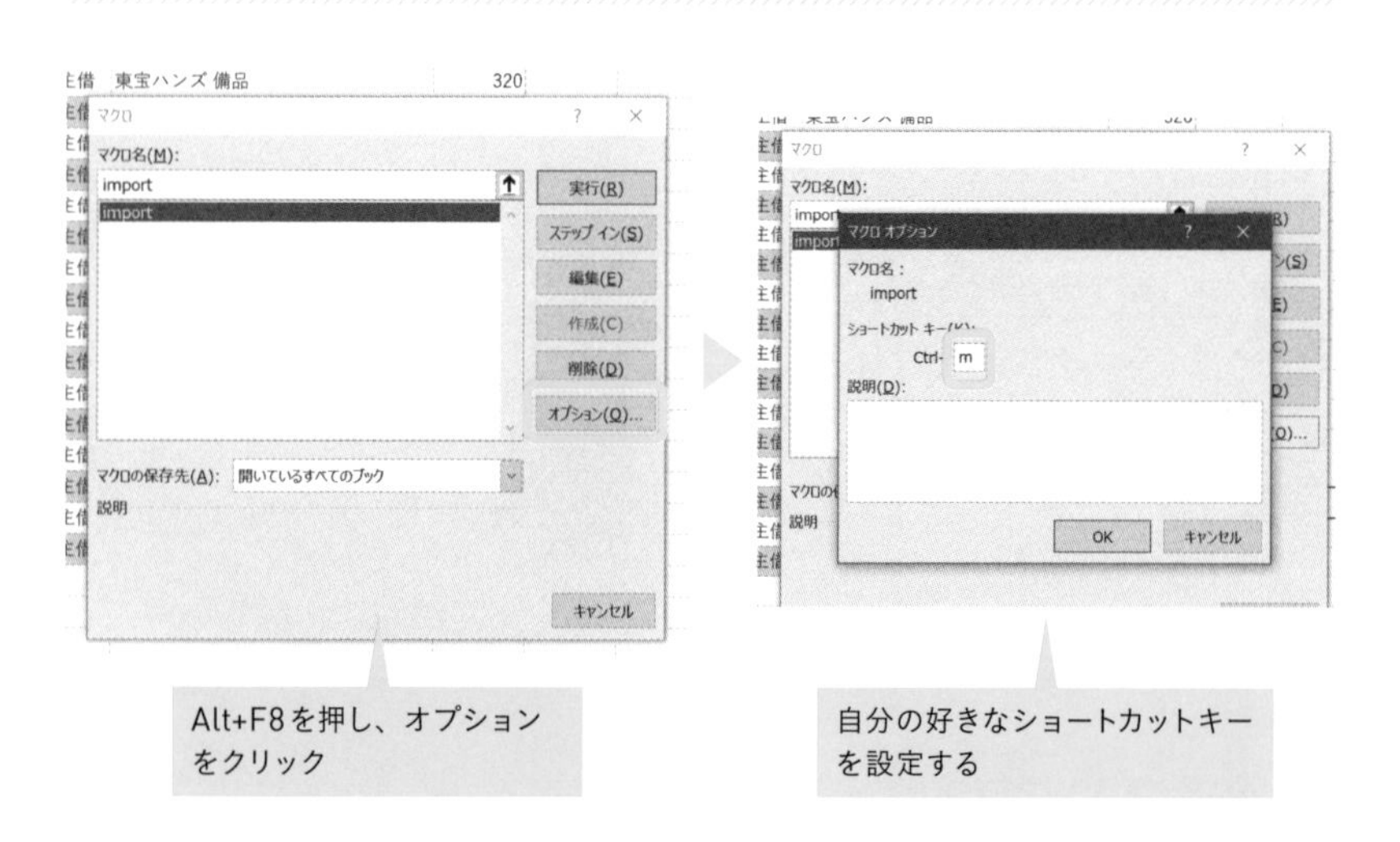

に前述のコードを入れてみてください。

VBEにコードを入れたあと、F5キーを押して実行すると、そのファイルがimport.csvという名前でCSVデータとして保存されます。保存されるのは、ドキュメントフォルダ、またはExcelのオプションで規定のフォルダとして指定している場所です。

このマクロを実行するショートカットキーを設定しましょう。Alt + F8を押し、[オプション]をクリックし、設定します。図4の設定であれば、Ctrl + mを押すだけでCSVファイルが保存されます。マクロを入力したExcelファイルは、「名前を付けて保存」でExcelマクロ有効ブック(.xlsm)という種類で保存しましょう。

Excelファイルは、xlsxという種類であり、マクロが入っているかどうかで使い分けます。これで、ショートカットキーを使ってデータをCSV形式で保存できるようになります。

図5　ファイルを保存するときの注意点

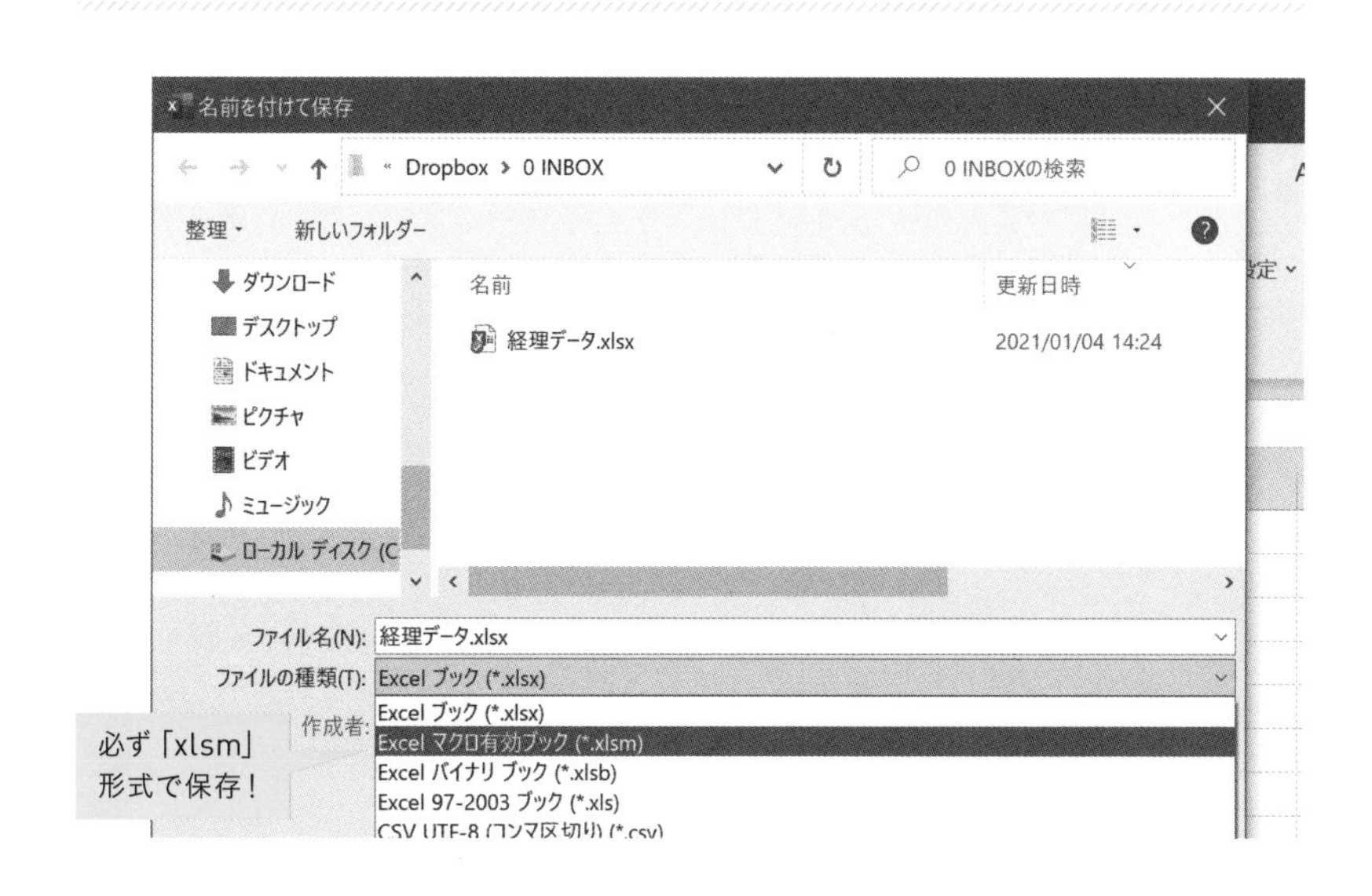

Section 59

［記録する］

月次決算のスピードを上げる3つのコツ

月次決算のスピードを上げる方法の1つは、会計ソフトの効率化です。クラウド会計ソフトfreeeを使う場合には次の3点に気をつけましょう。

①会計ソフトで入力しない

会計ソフトの入力効率は非常に悪いです。特にクラウド会計ソフトはブラウザで使うため処理速度に限界があります。クラウド会計ソフトで入力するのはできる限り避けましょう。ではどうするのか。Excelに入力しそれを会計ソフトにインポートするようにしましょう。freeeであれば日付、借方科目、貸方科目、金額、内容があればひとまずはインポートできます。経費やその他の取引は会計ソフトへ入力せずにExcelに入れてインポートしたほうが圧倒的に速いです。

②ブラウザのタブをうまく使う

クラウド会計ソフトはブラウザ上で使うので、ブラウザの機能を最大限に使えば効率化できます。

たとえば通常メニューをクリックすると、その次の画面にうつってしまいますが、Ctrlキーを押しながらクリックを押せば、別のタブが開きます（次ページの図6）。

見比べながら確認したほうがいい場合もありますので、そのときには使ってみましょう。またブラウザのブックマーク機能を使ってよく見る画面は、ブックマークに登録しておくと効率化できます。たとえば推移表や仕訳データを登録しておけばクリック1つでその画面を切り替えられるわけです。

会計ソフトは操作性がそれほどよくないので、できる限り工夫していきましょう。

③会計ソフトで資料を作らない

会計ソフトは資料作成には向いていません。データをExcelに変換し、Excelで処理したほうが圧倒的に速く効果的です。

- 会計ソフトで連動できるものは登録して連動する
- 会計ソフトに入力するものは、効率がいいExcelで入力して会計ソフトへとり込む

この組み合わせが最も効率的です。またデータの確認も仕訳データをExcelに出して、フィルタや検索を使いながら探したほうが速い場合もあります。会計ソフトが効率化することを待っていても期待はできません。自らが工夫して効率化していくようにしましょう。

図6　Ctrl キーをうまく使おう

×

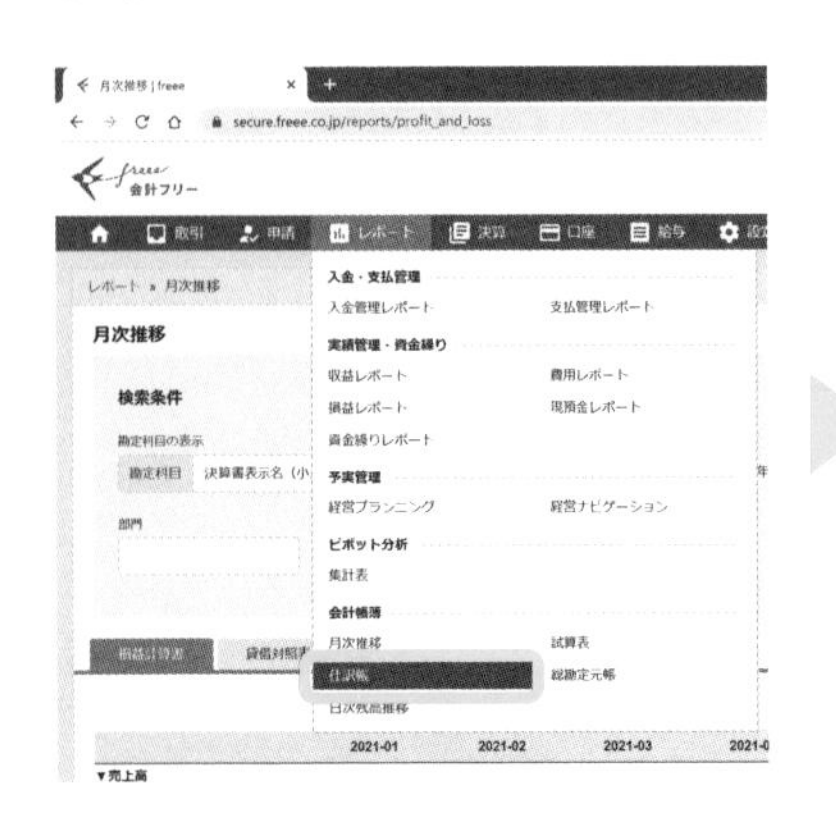

[仕訳帳] をクリックする

仕訳帳に画面がうつり、月次推移表を再度確認するのに手間がかかる

○

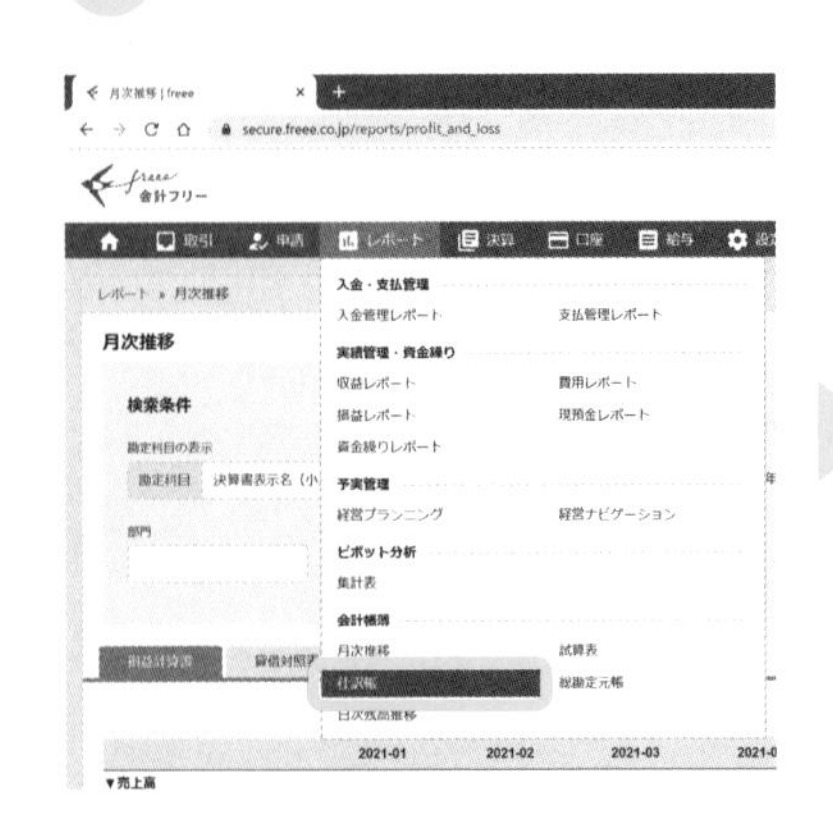

Ctrl キーを押しながら
[仕訳帳] をクリックする

別タブで仕訳帳が開く。月次推移表と仕訳帳の確認がしやすい

Section 60

レシートはしっかりとっておく

［記録する］経費はクレジットカードで払う

経費はできる限り会社のクレジットカードで払いましょう。クレジットカードを会計ソフトに連動させておけば、データをラクにとり込むことができます。

さらに、カードの使用履歴を経理担当者が確認することができます。カードで払った経費がもれることもありません。

もちろん、何に使ったかという補足は必要です。ただ、「取引がもれなく連動され、かつ、金額の間違いがない」のは非常に大きなメリットといえます。

「全社員にクレジットカードを持たせるか？」という問題はありますが、その場合は**「1回3万円以上の使用は事前承認が必要。使った後に却下する可能性もある」などとルールを決めておく**といいでしょう。

いずれにしてもクレジットカードを使った履歴のチェックは欠かせません。

なお、クレジットカードで払った場合も、レシートはもらうようにしましょう。法律上、クレジットカードの明細は、その内容や発行者に関して証拠能力が低いからです。何を買ったかまでわかりませんし、店が発行するものでもありません。

クレジットカードと似て非なるものにスマホ決済や交通系ICカードがあります。しかし、クレジットカードから支払うようにしておけば、連動するので問題ありません。

ただ、クレジットカードと同様にレシートを必ずもらうようにしましょう。**どんな形で支払っても、経理の証拠としてレシートは必要**です。

データを連動したときは、どのように連動されるか確認しておきましょう。タクシーや飲食店などでスマホ決済をすると、レシートが出ないケースもあります。その場合は別途証拠（スクリーンショットやメールなど）を作るようにしましょう。

スターバックスのモバイルオーダー（店に行く前にオーダーができるシステム）もレシートは出ません。

Section 61

読みとり精度のムラに注意！

［記録する］スマホアプリのスキャンは使えるのか？

今やスマホでレシートを撮影すれば、その内容をスキャンできる時代です。

試しにカフェでのレシートをfreeeアプリでスキャンしてみました（次ページの図7）。

金額は問題なく読みとられます。

カフェの名称（タリーズコーヒー）を読みとった場合、勘定科目は初期設定では交際費です。もし会議費その他の科目で処理したいのであれば修正なり設定の必要があります。また今回のテストでは、店の名前までは読みとれませんでした。

経理の記録としては、「日付、支払先、内容、金額」が必要です。

このうち支払先（店の名前）が読みとれないのなら、別途入力する必要があります。この修正作業を誰かが行わなくてはなりません。

これを経理担当者がやるとなれば、大きな負担となります。

経理は会社全体で行うものです。「スキャンした結果をレシートと確認し、もし修正する必要があれば修正する」をおのおのが行うべきでしょう。

図7　スマホでレシートを読みとってみる

1

レシートをスマホで
読みとってみる

2

- 「金額」「日付」「内容」は読みとれた
- 「支払先」は別途入力する必要がある

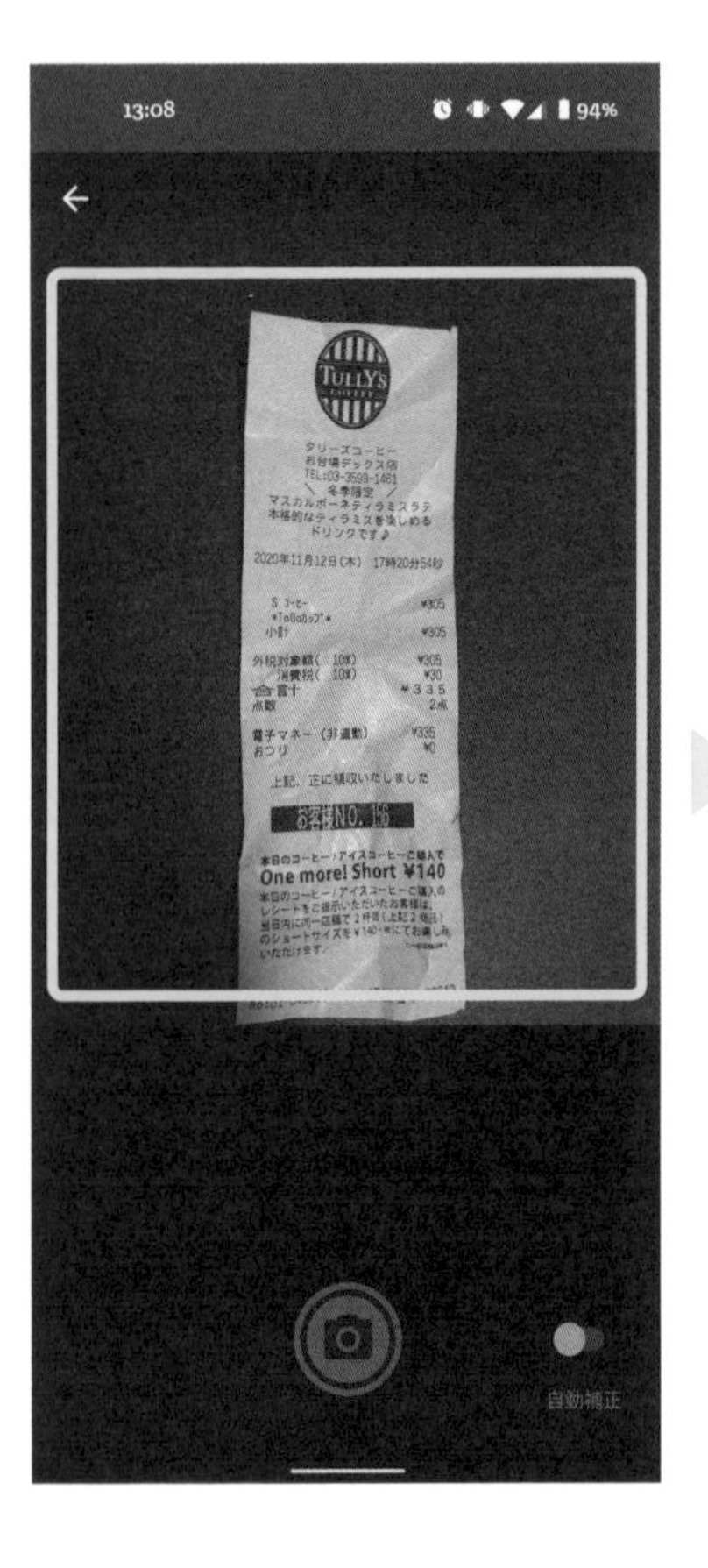

では実際にこのスキャンを使うかどうか。経理担当者であれば、スキャンするよりも入力したほうが速いと思うかもしれません。他の社員や社長もそう感じる可能性もあります。

ただし、経理に慣れていない方からは「スキャンのほうがラクだ」という声も聞きます。一度説明し導入を進める価値はあるでしょう。

それぞれがやりやすい方法を選んでデータを集めればいいわけです。

手書きの領収書はほぼ読みとれません。データは別途入力する必要があります。

- 経理担当者は、社員にレシートのスキャンを依頼し、社員がスキャンし修正したデータを、レシートで確認する
- 社員は、レシートをスキャンしてそのデータとスキャン結果を確認する

まずこれをやっていきましょう。

なお、スキャンしたからといってレシートを捨てていいわけではありません。その旨を社員にしっかり伝え、レシートも提出してもらいましょう（所定の手続と運用をすれば、レシートを保管しなくてもよくなりますが、現状の法律では現実的ではありません）。

Section 62

経費は社員に立て替えてもらう

［記録する］現金取引をなくす方法

現金取引はなくしたいものです。現金があるとその残高を管理しなければいけません。支払いの手間もかかりますし、「現金の補充」のために金融機関に行かなければいけません。**現金をなくすことで経理の手間が減る**のです。社員にとっても現金を受けとり、精算し、お釣りを返す手間がなくなります。

リモート経理ではなおさら現金取引をなくさなければいけません。小口現金の管理のために出社することはもちろん、会社の小口現金の金庫を経理担当者が自宅に持ち込むのはやめましょう。セキュリティ上の問題もあり、何よりも美しくありません。

ポイントは「経費」

現金取引をなくすには、まずそれぞれが経費を立て替える必要があります。立て替えた経費は毎月の給与と同時に、毎月振込で払いましょう。給与計算ソフトに経費を入力すれば、振込で払うことができます（所得税、社会保険の計算の対象外にします）。

その都度払っていると、会社全体の手間が増えてしまうものです。しかし、そうはいっても経費を立て替えることに抵抗がある、立て替えることが難しい方も多いでしょう。

その場合は申請に応じて仮払いで振り込む方法もあります。または経費の金額が多い方には、会社のクレジットカードを持たせる方法もあるでしょう。

デビットカード（店頭でキャッシュカードを使い、その場で引き落とす）を使う方法もあります。

現金をなくすには、現金での売上もなくす必要があります。現金で受けとっている取引先には、振込かカードでの支払いをお願いしましょう。振込ならハードルもそれほど高くないはずです。

もし、営業担当者が現金で回収するようなことがあるのならやめたいものです。効率化上の問題に加え、「魔が差す」という問題もあります。

そもそも現金を扱うことは問題が多いので、リモート経理をきっかけに現金取引をやめましょう。

Section 63

経理効率化のためのポイントは?

[記録する] 勘定科目の賢い分け方

取引を記録するときには勘定科目をつけて分類します。

この勘定科目は会社の自由です。厳密なルールはありませんが、経理効率化のためのポイントを3つお伝えします。

①雑費は使わない

勘定科目には「雑費」という雑多なものを入れる科目がありますが、これは極力使わないようにしましょう。なんでも雑費に入れてしまうと正しく数字を把握できなくなります。会計ソフトやクラウドサービスの利用料などは雑費に入れがちです。

わからないものがあったら経理担当者へ連絡する方法もありますが、それであれば「未確定」にしておいて、後で必ず詳細をつかめるようにしておきましょう。

社員の方に経費を入れてもらう場合には使う勘定科目を限定してその中から選んでもらうようにし、「どの勘定科目にすればいいいか」という問い合わせが来ないように工夫しましょう。

主に経費で使うものは次のようなものです。

- 会議費↓打ち合わせ代
- 交際費↓会食（目安として1人5000円超）、手土産、ゴルフ
- 消耗品費↓事務用品も含めて、パソコン関連費など

勘定科目についての問い合わせが多いなら、何か説明が足りなかった、わかりにくかったと考えて見直しましょう。巻末資料の『「あの経費って何で落とせばいいのかな」がひと目でわかる勘定科目事典』のように、1枚の表にするのもオススメです。

②数字を追いかけたいものは分ける

社長が把握しておきたい数字があれば、それに応じて勘定科目を分けましょう。たとえばリモート経理でいえば、リモートワークにかかった経費をリモートワーク費と分けて把握することもできます。Zoomの利用料は、「支払手数料」とするのが一般的ですが、「リモートワーク費」にしてもかまいません。

ここで大事なのは、「日々の業績を管理する勘定科目」と「決算書の表示を変える」ことができるということです。

リモートワーク費は、決算書ではそれを載せずに、たとえば消耗品費に含めるということもできた

メリット
安全性
環境作り
コミュニケーション
3ステップ経理術
会社の守り方

りします。日々の勘定科目と決算書の表示を変えることで、より自由に日々の勘定科目を変えることができるわけです。

③消費税の課税区分で変えてみる

消費税が原則課税（売上と経費から納税額を計算）の場合は、経費の科目ごとに消費税の課税区分（消費税がかかるかどうか）をつけなければいけません。

もし課税区分が異なる取引が多いのであれば科目を分けておくと便利です。簡易課税（売上のみから納税額を計算）の場合は、売上のみの課税区分をしますが、今後、原則課税になりそうであれば、あらかじめ分けておくのもいいでしょう。

たとえば軽減税率のものは別の科目にする、海外取引の分（消費税がかからない）は別の科目にするといったことをしておくと、チェックがしやすくなります。軽減税率となるのは、テイクアウトの食品（酒類を除く）、新聞などです。

会費、手数料などは、課税されるものは「支払手数料」、そうでないものは「諸会費」（消費税対象外）に入れることもできます。勘定科目を分ける基準は、どう表示するかと、どう処理するかです。ぜひ工夫してみましょう。

Section 64

食わず嫌いせず、どんどん使っていく

［記録する］経理を効率化する「10のExcelテクニック」

データ処理を前提とするリモート経理では、ITスキルが不可欠です。汎用性があり、応用がきくのはExcelです。Excelスキルは経理との相性もいいものです。

Excelはご存じのとおり、自由度が高いものです。あらゆるデータ処理に使えます。

リモート経理でよく使う「10のExcelテクニック」をまとめてみました。

①できる限り1枚のシートにまとめる

Excelのデータはできる限り1枚のシートにまとめましょう。

月別のシートを作ると、一見見やすいのですが、データ処理はしにくくなります。年間のデータの集計や月別の集計ができません。それならば、1枚のシートに年間のデータをすべて入れておいたほうが、集計も分析もラクです。

Excelは「複数のシートを1つにする」作業が苦手です。効率よくやるならExcelマクロが必要となります。

メリット
安全性
環境作り
コミュニケーション
3ステップ経理術
会社の守り方

②データを作る

データとは1行で意味を成すもの、同じ列には同じ属性であるもの（数字なら数字、文字なら文字、性別なら性別、金額なら金額）のことです。そのデータを表に集計するようにしましょう。このときに使うのは後述するピボットテーブルです。

そのデータには、空白の行を作らないようにしましょう。Excelの処理上、空白があるとそこでデータが終わっていると認識されます。

③グラフを使う

データがあれば、そのデータを選択してAlt＋F1を押せば棒グラフがすぐにできます。グラフにはさまざまな種類がありますが、9割方は棒グラフで十分です。折れ線グラフ、円グラフにしたいときはグラフの種類を変更しましょう。

図8　グラフで情報を整理しよう

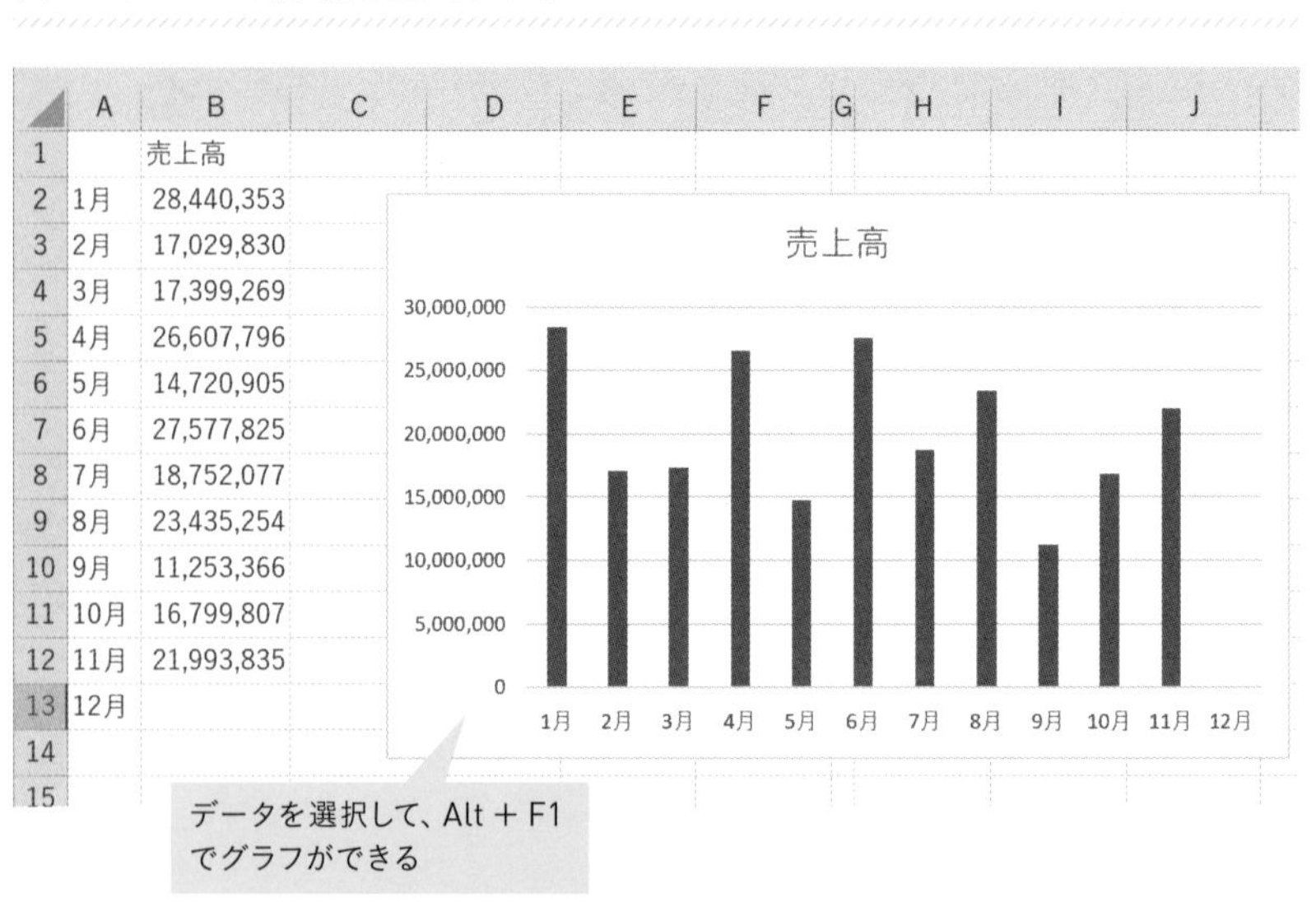

	A	B
1		売上高
2	1月	28,440,353
3	2月	17,029,830
4	3月	17,399,269
5	4月	26,607,796
6	5月	14,720,905
7	6月	27,577,825
8	7月	18,752,077
9	8月	23,435,254
10	9月	11,253,366
11	10月	16,799,807
12	11月	21,993,835
13	12月	
14		
15		

④テーブルを使う

テーブルとはデータを使いやすくする機能です。

Ctrl + T のあとに、Enter キーを押せばテーブルにできます。メリットは、フィルタがついたり、1行おきに色がついたりすることです。

データはテーブルにするようにしましょう。あらゆるデータは、テーブルにしておいて損はありません。見やすくなるからです。

⑤ピボットテーブルを使いこなす

ピボットテーブルとは、データを集計する機能です。

これを使えばExcelに入力したデータをあらゆる角度から集計したり、会計ソフトのデータやシステムの売上データなどを瞬時に集計したりすることができます。

たとえば、日付、商品、店舗、担当者、売上高というデータがあったときに、ピボットテーブルで集計すれば、月別、年別、商品別、店舗別、担当者別といった集計ができます。

ピボットテーブルは、テーブル化したデータを選択して［ピボットテーブルで集計］をクリックして作ります。このピボットテーブルを使うためにExcelでデータを準備するわけです。

また、ピボットテーブルとテーブルの役割は違います。ピボットテーブルは集計する機能、テーブルは見た目やデータを処理（フィルタなど）する機能です。

⑥VLOOKUP、XLOOKUP 関数を使う

VLOOKUP（ブイルックアップ）関数とXLOOKUP（エックスルックアップ）関数はデータを連動できる機能です。たとえば、次のようなデータがあったとします。

1　本社
2　大阪支社

VLOOKUP、XLOOKUP関数を使うと、「1」と入れれば本社が自動的に出てきて、「2」を入れれば大阪支社が自動的に出てくるしくみが作れます。経理でデータを整理する際、データを入力する際に使うと便利です。

Excelでの資料作りでも、会計ソフトから出力したデータからVLOOKUP、XLOOKUP関数で連動すれば、瞬時に資料ができます。

⑦ショートカットキーを使う

ショートカットキーを使えばExcelの操作が飛躍的に速くなります。絶対に覚えておくべきなのは、下記の7つです。

- Ctrl＋S→上書き保存
- F12→名前を付けて保存

- Ctrl ＋ D→下方向へコピー
- Ctrl ＋ R→右方向にコピー
- Ctrl ＋ Tab → Excel ファイルの切り替え
- Shift ＋方向キー→選択している範囲を広げる
- Ctrl ＋方向キー→データの端に瞬時に移動する

⑧ Excel データをインポート、エクスポート

ソフトやサービスには、Excel のデータをインポートしたり（とり込んだり）、Excel にデータをエクスポートしたり（保存したり）することができるものがあります。

これをうまく使えばソフトやサービスを効率化できるのです。通常 Excel のデータをインポート、エクスポートするにはCSVという形式で保存してやりとりをします。CSVとはカンマで区切られたデータで異なるソフト間のやりとりを可能とするものです。

インポートとエクスポートには、それぞれ2つの注意点があります。

【インポートの注意点】
- 二重にインポートしない（同じデータを複数回インポートしない）
- インポートし忘れない

メリット
安全性
環境作り
コミュニケーション
3ステップ経理術
会社の守り方

【エクスポートの注意点】

- 会計ソフトのデータをチェックしてからやる（二度手間になる）
- エクスポートしたデータを直接加工せずに、そのデータを関数（VLOOKUPやXLOOKUP）で連動するよう、しくみを作る

⑨入力規則を使う

入力規則とはExcelに入れることができるデータの種類を指定できるものです。Excelのリボン（Excelの上部にあるメニュー）から［データ］をクリックし、さらに［データの入力規則］を選び、日本語入力タブの日本語入力をオフにすれば数字しか入らないようになり、日本語入力をオンにすれば日本語しか入らなくなります。

入力モード（英数、日本語）を変えなくてよくなり、単純にデータを入力するときにもこれを使うと便利です。

⑩罫線を引かない

Excelでは罫線を引かなくても、セルの枠があるのでそれほど困りません。罫線をびっしり引くとかえって見づらくなりますし、罫線を引くことにも時間がかかるので、引かないようにしましょう。

Section 65

手入力をできるだけ減らそう

［記録する］RPAで経理をもっと効率化！

リモート経理のさらなる効率化にはプログラミングが欠かせません。特にブラウザとExcelを操作できるRPAを活用すれば、その効果は絶大です。

RPAとはロボティックプロセスオートメーションのことです。ソフトウェアのことをロボットと呼び、複数のアプリ間でも効率化できるのが特徴です。

RPAツールUiPathを紹介します。年間売上500万米ドル以下の個人、組織なら無料で使えます。無料だとサポートがありませんが、ほとんどの機能を利用可能です。無料利用できない場合でも無料トライアルはできます。

無料で扱える製品は、UiPath StudioとUiPath StudioXであり、UiPath StudioXのほうが初心者向けです。これらは随時切り替えることができますが、次の点に注意してください。

- Studioで作ったプログラムは、StudioXでは使えない
- StudioXで作ったプログラムは、Studioで使える

StudioXで大半のものを作ることができます。

たとえば、A↓B↓Cという手順の操作があったとします。この場合、UiPath StudioXでアプリ／Webレコーダーというボタンをクリックし、A↓B↓Cと操作をすると、UiPath StudioXがその操作を覚えてくれます。

覚えたあとは、実行ボタンをクリックするだけで、A↓B↓Cを実行してくれるのです。

ブラウザ、Excel、Word、メールソフト、基幹システムなど、パソコン上で動くあらゆるものが自動化できます。

もちろんA↓B↓Cというプログラムを書いてもいいのですが、難易度が高いです。しかしRPAなら、プログラムを書かずに自動化できるのです。

RPAを実際にやってみる

かんたんな例を挙げます。UiPath StudioXを使い、ネットバンク（ゆうちょ銀行）にログインする操作を自動化するものです。

まずUiPathのサイトでアカウントを作り、ソフトをダウンロードし、UiPath拡張機能で、Chromeをインストールする必要があります。

UiPath StudioXで［空のタスク］をクリックし、任意の名前をつけ、［作成］をクリックします。

次ページの図9を見てください。

ゆうちょ銀行のログイン画面をGoogle Chromeで開き、UiPath StudioXの［アプリ／Webレ

図9　UiPath StudioX の使い方①

新規プロジェクト
空のタスク
空のプロジェクトで始めて、新しいタスク オートメーションをデザインします。
プロセス名:
ゆうちょログイン
場所:
説明:
詳細オプションを表示
作成
キャンセル

空のタスクをクリックし、任意の名前をつける

コーダー」をクリックします（図10）。

ボックスが表示されるので、「レコーディング」ボタン（赤い丸ボタン）をクリックし、画面の指示どおり、ブラウザの任意の場所をクリックしてください。

その後、再び「レコーディング」ボタンをクリックし、ゆうちょ銀行のログインIDの入力欄をクリックし、IDを入力していきます。

入力できたら「次へ」をクリックし、次の画面でパスワードを入れて「ログイン」を押せば、操作の記録は完了です（図11）。

「保存して Studio へ戻る」をクリックし、UiPath StudioX に戻ると、図12のように操作が記録されています。

そして「実行」を押せば、同じ操作が人の手を介さずにできるのです。

さらに作りこめば、「ネットバンクにログインして、明細を確認する、振込をする」といっ

図10　UiPath StudioX の使い方②

図11　UiPath StudioXの使い方③

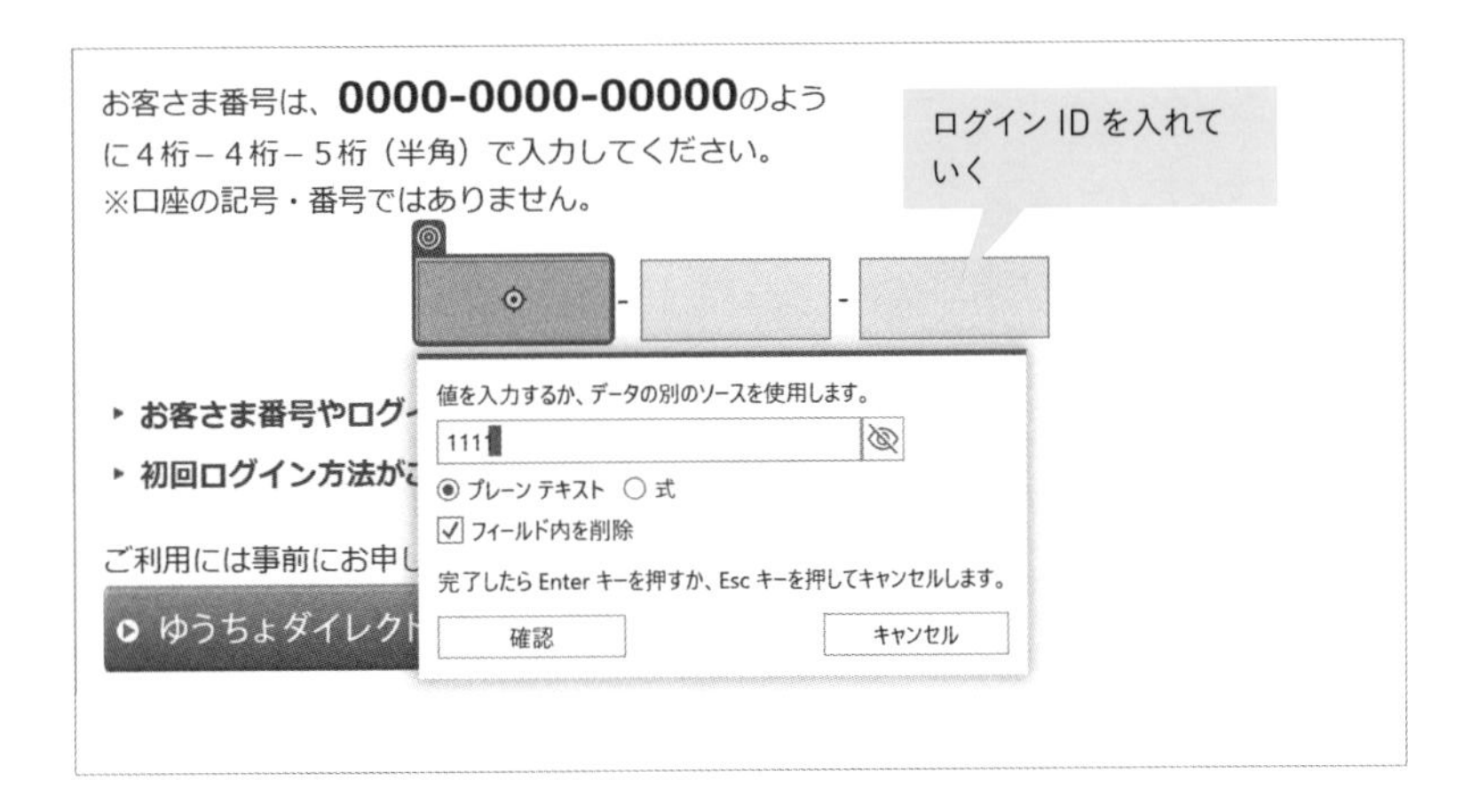

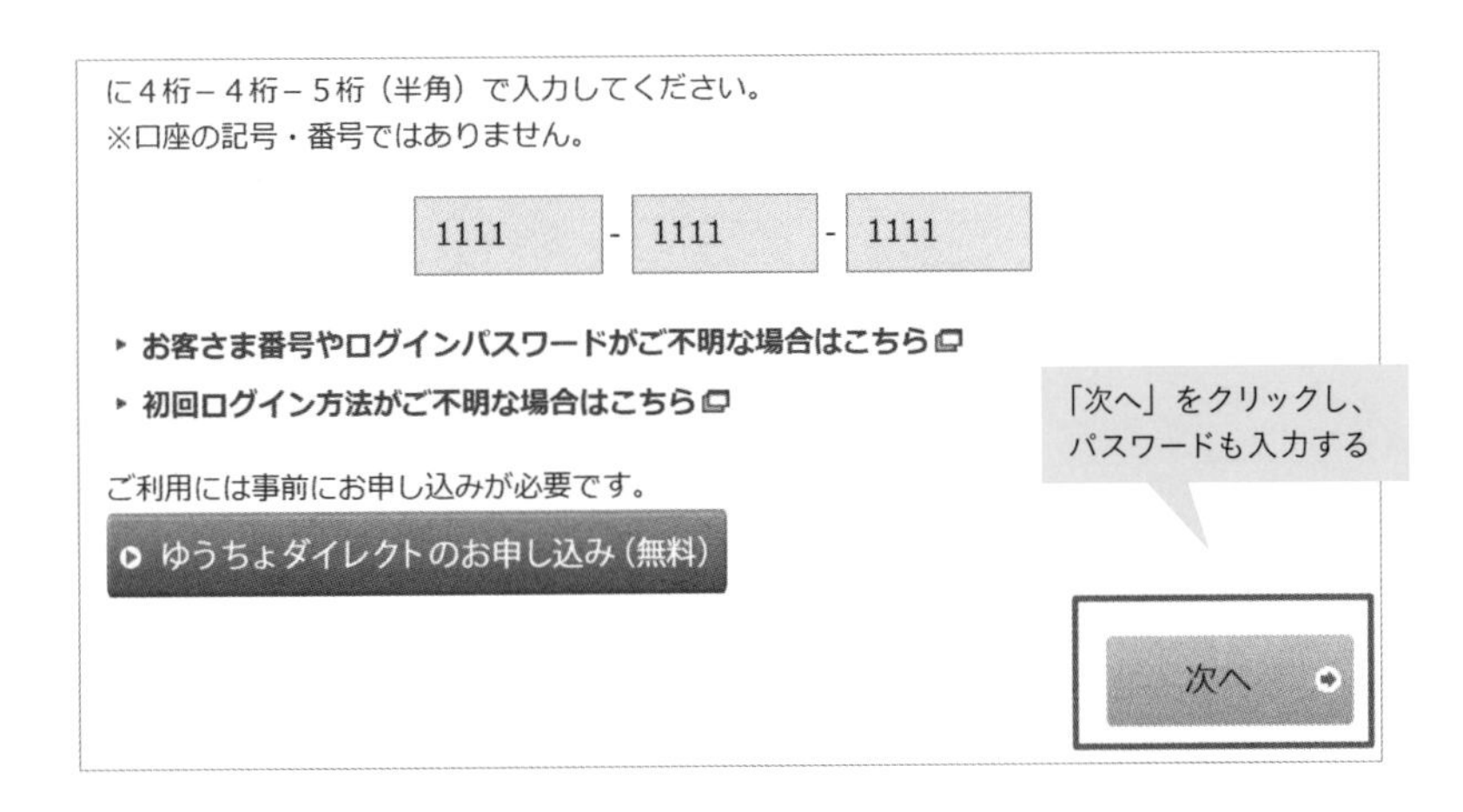

たこともできます。

RPAをはじめとするプログラミングには無限の可能性があります。もちろんプログラミングを習得するには時間がかかりますが、経理を効率化できれば十分元がとれます。

経理業務で使えるRPAの具体例は次のようなものです。

- 源泉所得税のデータをExcelに準備しておき、e-Taxのサイトにアクセスして入力し納税できる
- 社員ごとのデータをExcelに準備しておけば、それを読みとって、それぞれ異なる内容のメールを送ることができる
- 新規取引先データをExcelに一度入力すれば、そのデータを読みとって、他のシステムやソフトに転記できる
- ネットバンクにログインして、指定した口座

図12　UiPath StudioXの使い方④

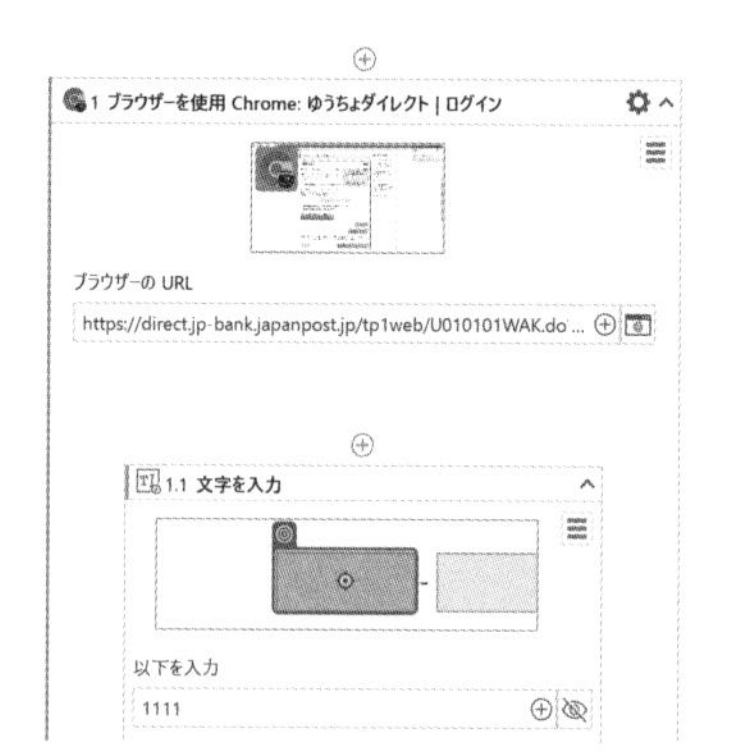

「実行」を押せば、同じ操作が自動的に行われる

へ指定した金額を振り込むことができる

- クラウド会計ソフトfreeeから必要なデータをダウンロードし、Excelに貼り付けることができる
- メールから条件で検索して、必要な部分（明細、金額等）をExcelに書き込むことができる
- メールを検索して、添付ファイルを指定したフォルダに保存できる

プログラミングの特性は「繰り返し実行できる」です。
いくらデータや件数が増えても、人間の負担はなく、ミスもありません。

Section 66

会計ソフトの推移表は見にくい

B／SとP／Lの推移表をわかりやすくするテクニック

［チェックする］

会計データを効率的にチェックするコツをお伝えします。freeeなら、スマホでもさっと確認できます。スマホアプリをダウンロードしてログインしておきましょう。

まずはB／S（貸借対照表）をチェックし増減を確認します。仮にB／Sの項目がマイナス残高であれば真っ先にチェックしなければいけません。

次にP／Lの推移表をチェックします。推移表を見て前月までの流れと違和感がないかを確認するとすばやくチェックができるのです。

ただし、**会計ソフトから出した推移表は見づらい場合が多い**です。Excelで推移表を作って、条件付き書式で数字が大きいところは目立たせるようにしましょう。瞬時にチェックができます。

たとえば、会計ソフトfreeeの推移表の数字をExcel上で毎回使いたいとします。通常であれば、会計ソフトを見ながら、Excelに入力しなければいけません。1箇所ならいいかもしれませんが、決してそうではなく、他の数字も使いたいはずです。

また、毎月その処理をやるとしたら、その手間を毎月かけなければいけなくなります。そのような場合はExcelを活用しましょう。次の手順で進めていきます。

①freeeから次の手順で推移表データをダウンロードする。レポート→月次推移→エクスポート→CSV形式でエクスポート-損益計算書（「CSVの出力形式を選択してください」というボックスでは「項目を整列する」にチェック）→出力した帳票→ダウンロード
②ダウンロードファイルをExcelで開く
③各種データを「連動するしくみを備えたシート」に貼り付ける。月があけたら、最新月の列へ数式をコピーする

連動するしくみは、次のように作ります。シート「推移表」にfreeeからダウンロードしたデータを貼り付け、シート「資料」に入

図13　会計ソフトから出した「推移表」はわかりにくい

	A	B	C	D	E	F	G	H
1	月次推移：損益計算書　(期間：2021年01月～2021年12月、表示単位：円)							
2		Jan-21	Feb-21	Mar-21	Apr-21	May-21	Jun-21	Ju
3	売上高							
4	売上高	9728364	10028028	9167602	11380981	10759180	10096943	977
5	売上高 計	9728364	10028028	9167602	11380981	10759180	10096943	977
6	売上原価							
7	売上原価	4022020	4301574	4271221	4999995	4282791	4774869	402
8	期首商品棚卸	0	0	0	0	0	0	
9	当期商品仕入	0	0	0	0	0	0	
10	仕入高	4022020	4301574	4271221	4999995	4282791	4774869	402
11	他勘定振替高(商	0	0	0	0	0	0	
12	期末商品棚卸	0	0	0	0	0	0	
13	期末商品棚卸高	0	0	0	0	0	0	
14	商品売上原価	0	0	0	0	0	0	
15	売上総損益金額	5706344	5726454	4896381	6380986	6476389	5322074	575
16	販売管理費							
17	役員報酬	1000000	1000000	1000000	1000000	1000000	1000000	100
18	給料手当	3051762	3233196	3936186	3655386	3657653	3093098	314
19	広告宣伝費	70731	80283	53610	188868	88061	53082	100

推移表　資料　+

れたXLOOKUP関数で連動させます。

XLOOKUP関数は1つの列で検索語を検索し、別の列の同じ行から値をとり出すことができます。

「資料」シートのセルB2に「=XLOOKUP($A2,推移表!$A:$A,推移表!B:B)」と入れます（図14）。

　このXLOOKUP関数を使って、まずA列から「売上高　計」を探します。すると図13の5行目に見つかるので、その5行目のB列にある「9728364」をシート「資料」に表示できるのです（図14）。この数式をコピーし、推移表全体を選択して、貼り付ければ、すべてのデータを引っ張ってくることができます。

　なお、「売上原価」はfreeeのデータ出力形式の仕様上、XLOOKUP関数ではうまく連動できません。「売上原価」については、「売上高−売上総損益金額」という数式（セルB3に入

図14　XLOOKUP関数を使い、数字を引っ張る

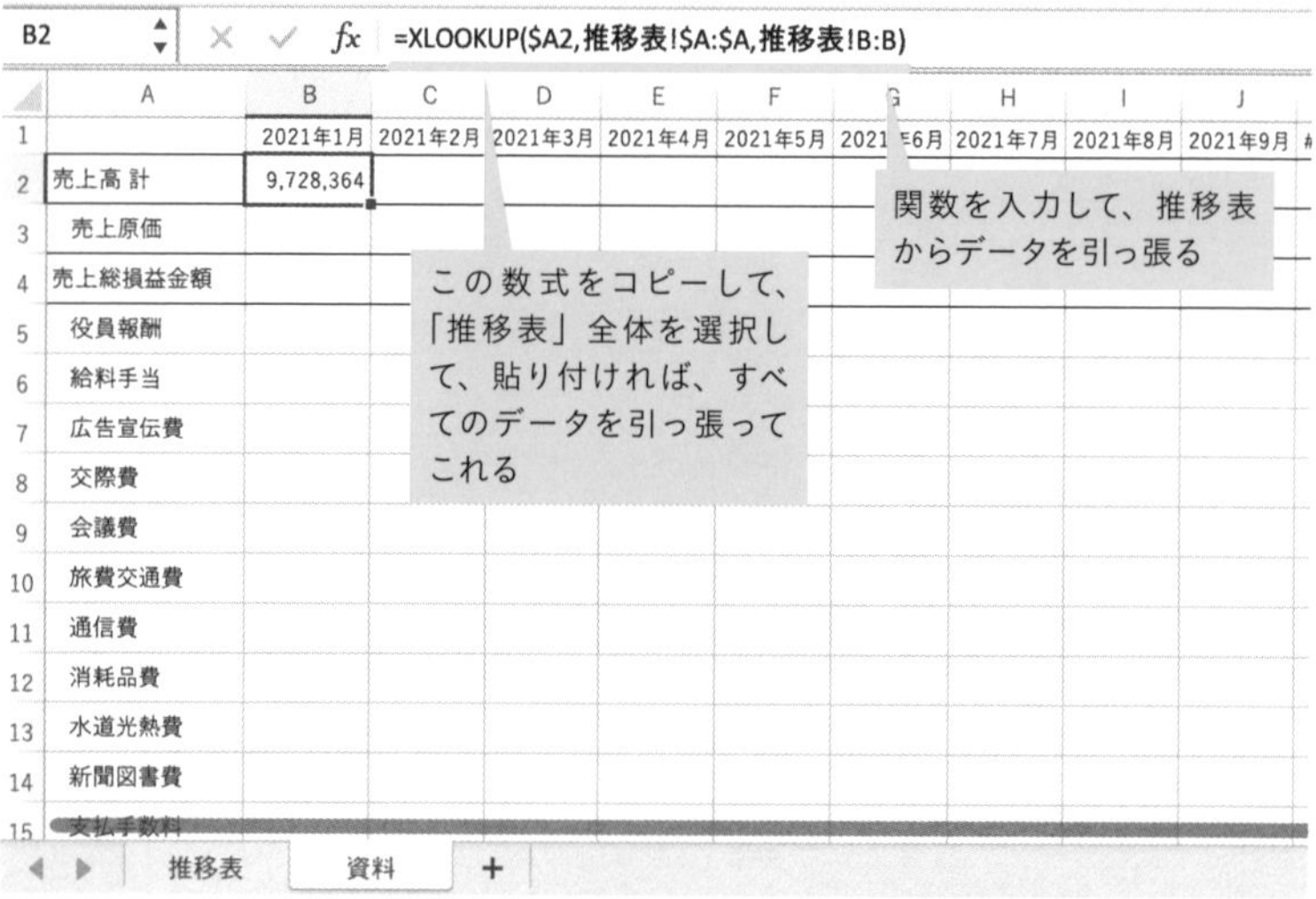

B2　=XLOOKUP($A2,推移表!$A:$A,推移表!B:B)

	A	B	C	D	E	F	G	H	I	J
1		2021年1月	2021年2月	2021年3月	2021年4月	2021年5月	2021年6月	2021年7月	2021年8月	2021年9月
2	売上高 計	9,728,364								
3	売上原価									
4	売上総損益金額									
5	役員報酬									
6	給料手当									
7	広告宣伝費									
8	交際費									
9	会議費									
10	旅費交通費									
11	通信費									
12	消耗品費									
13	水道光熱費									
14	新聞図書費									
15	支払手数料									

推移表　資料　+

関数を入力して、推移表からデータを引っ張る

この数式をコピーして、「推移表」全体を選択して、貼り付ければ、すべてのデータを引っ張ってこれる

図15　数字を千円単位で表示し、見やすくする

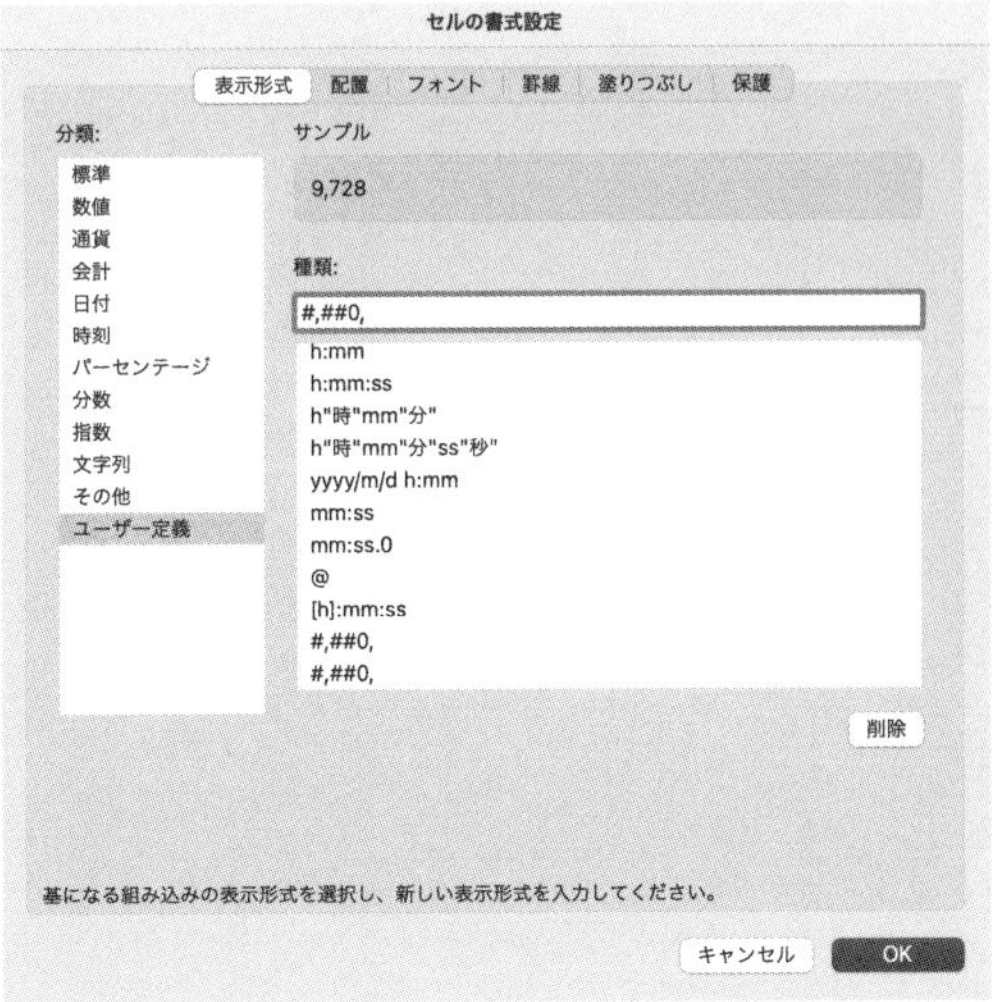

セルの書式設定

表示形式　配置　フォント　罫線　塗りつぶし　保護

分類:
標準
数値
通貨
会計
日付
時刻
パーセンテージ
分数
指数
文字列
その他
ユーザー定義

サンプル
9,728

種類:
#,##0,

h:mm
h:mm:ss
h"時"mm"分"
h"時"mm"分"ss"秒"
yyyy/m/d h:mm
mm:ss
mm:ss.0
@
[h]:mm:ss
#,##0,
#,##0,

削除

基になる組み込みの表示形式を選択し、新しい表示形式を入力してください。

キャンセル　OK

図16　XLOOKUP関数とセルの書式設定を活用して、見やすく！

	A	B	C	D	E	F	G	H	I	J
1		2021年1月	2021年2月	2021年3月	2021年4月	2021年5月	2021年6月	2021年7月	2021年8月	2021年9月
2	売上高 計	9,728	10,028	9,168	11,381	10,759	10,097	9,774	11,464	11,041
3	売上原価	4,022	4,302	4,271	5,000	4,283	4,775	4,024	4,181	4,431
4	売上総損益金額	5,706	5,726	4,896	6,381	6,476	5,322	5,750	7,283	6,610
5	役員報酬	1,000	1,000	1,000	1,000	1,000	1,000	1,000	1,000	1,000
6	給料手当	3,052	3,233	3,936	3,655	3,658	3,093	3,143	3,063	3,753
7	広告宣伝費	71	80	54	189	89	54	1,003	75	60
8	交際費	90	95	70	66	84	90	80	51	65
9	会議費	76	86	63	72	84	58	56	66	74
10	旅費交通費	69	56	83	998	95	73	93	93	81
11	通信費	88	93	73	83	71	90	69	96	79
12	消耗品費	90	83	2,569	76	604	99	92	91	87
13	水道光熱費	72	52	98	61	57	76	63	91	89
14	新聞図書費	83	67	56	86	93	73	75	67	72
15	支払手数料	95	83	90	72	83	53	69	57	51

推移表　資料　+

れるなら、B2-B4）を入れて、他の列にコピーするようにしましょう。

さらに、数字を千円単位で表示し、見やすくしましょう。

- シート「資料」の数字の部分を選択
- Ctrl＋1（Ctrlキーと1を同時押し）で、セルの書式設定を表示（図15）
- ［表示形式］の［ユーザー定義］をクリック
- 入力欄に「#,##0,」と入力

この手順で数字を千円単位で表示できます（図16）。

推移表の経費の部分を選択し、Excelのホームタブから［条件付き書式］→［データバー］で任意の色を選ぶと、数字の大きさに合わせてバーが表示され、視覚的に表現でき

図17　数字の大きさに合わせてバーを表示する

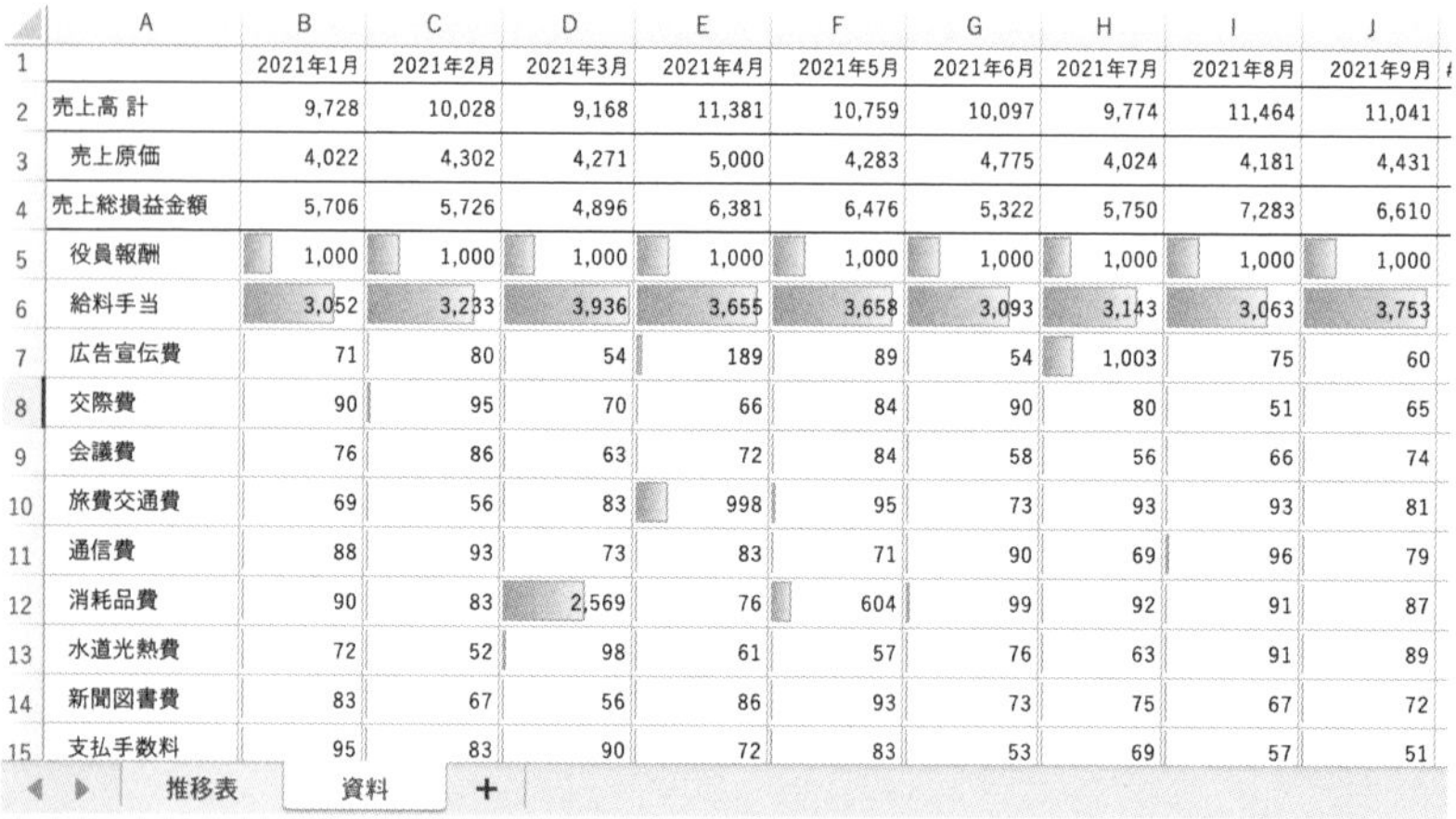

	A	B	C	D	E	F	G	H	I	J
1		2021年1月	2021年2月	2021年3月	2021年4月	2021年5月	2021年6月	2021年7月	2021年8月	2021年9月
2	売上高 計	9,728	10,028	9,168	11,381	10,759	10,097	9,774	11,464	11,041
3	売上原価	4,022	4,302	4,271	5,000	4,283	4,775	4,024	4,181	4,431
4	売上総損益金額	5,706	5,726	4,896	6,381	6,476	5,322	5,750	7,283	6,610
5	役員報酬	1,000	1,000	1,000	1,000	1,000	1,000	1,000	1,000	1,000
6	給料手当	3,052	3,233	3,936	3,655	3,658	3,093	3,143	3,063	3,753
7	広告宣伝費	71	80	54	189	89	54	1,003	75	60
8	交際費	90	95	70	66	84	90	80	51	65
9	会議費	76	86	63	72	84	58	56	66	74
10	旅費交通費	69	56	83	998	95	73	93	93	81
11	通信費	88	93	73	83	71	90	69	96	79
12	消耗品費	90	83	2,569	76	604	99	92	91	87
13	水道光熱費	72	52	98	61	57	76	63	91	89
14	新聞図書費	83	67	56	86	93	73	75	67	72
15	支払手数料	95	83	90	72	83	53	69	57	51

推移表　資料　+

ます（図17）。

そして増減をチェックしましょう。前月から増えているところ・減っているところをチェックしその明細を確認します。

たとえば消耗品費が100万円増えていたら、その100万円がなぜ増えていたのかを分析し伝えるのが経理の仕事です。

「増えました」「減りました」だけではなんの改善策にもなりません。

細かい内容までチェックするのであれば、仕訳データをExcelに出してピボットテーブルで集計するとラクです。ピボットテーブルを使えば、会議費、消耗品費、交通費などが入っている会計データ（仕訳データ）から「会議費にはどういったものがあり、いくら使ったか」を表にできます。

推移表といった表を連動させるのは、XLOOKUP関数、会計データ（仕訳）を集計するのはピボットテーブルと考えてください。**会計ソフトのデータをプリントアウトして、その資料とにらめっこするのはやめましょう。**手間がかかるうえ、見落としもあるからです。

また、推移表は通常月別のものを作りますが、年別の推移表も作っておきましょう。過去の決算書の数字を数年並べてみることで、現状の確認、今後の計画に活かすことができます。可能であれば、設立時からの数字をExcelの年別推移表にまとめておきましょう。そうしておけば、過去の数字を確認する際に、決算書ファイルを見に行かずにすみます。

Section 67

大切なのは「社長の違和感」

〔チェックする〕社員の不正を見抜くコツとは？

経理で大切なのは社内の不正を防ぐことです。お金絡みのことですので不正がないとも限りません。前提として、魔が差さないようにルールやチェック体制を整えましょう。社員の不正で多いのは次の3つです。

- 現金の売上金をそのままポケットに入れてしまう
- 個人的にバックマージン（手数料）をもらう
- 経費精算で、架空のものを入れたり、金額を増やしたりする

さらに経理担当者の不正にも気をつけましょう。経理担当者の不正で多いのは、次の3つです。

- 口座を作り、そこに振り込む
- 発注書を偽造する

不正に振り込む

リモート経理ではデータが前提となりますので、データのチェックにより不正を防ぐ可能性が高まります。経理担当者の仕事をチェックする体制を作りたいものです。チェックするだけであれば経理担当者でなくてもできます。

社長自身が会計ソフトの生データを見るのも欠かせません。

会計ソフトfreeeのデータは「レポート」↓「仕訳帳」にあります。このデータをなんとなくでもいいので、眺めてみましょう。会社の全取引がデータ化されたものです。交際費、消耗品費などを含め、取引をイメージしながら見てみましょう。会社の大切なお金が動いているわけです。

細かな取引をチェックし始めると時間が足りません。「10万円以上の取引を見る」などと決

社長の違和感は正しい

め、金額が大きいものを中心にチェックしましょう。

専門的な知識で見る必要はなく、データにさっと目を通して、「なんだ、これは?」というものは経理担当者に必ず質問しましょう。不正が見つかるのは自分の違和感からだったりもします。

数字を見ていて違和感がある、現実とのかい離がある場合はどんどん質問しましょう。社長なり他の社員なりがデータを見ていることは経理担当者への牽制にもなります。

現金を使わない、紙を使わないリモート経理だと不正はしにくくなります。データだと共有もでき、お互いチェックしやすいからです。**1人の経理担当者しか見ることができない状況は避けましょう**(税理士等の外部にその役割を依頼することもできますが、その意図はきちんと伝えましょう)。

一方、リモート経理にも弱点はあります。「ネットバンクを使って不正に振り込む」ことがかんたんにできるからです。架空の取引先に振り込むことで、不正しているケースもあります。**振込先に知らない取引先がないかをしっかり確認**しておきましょう。社長だけではなく、営業の責任者や担当者にもデータを見てもらいましょう。

Section 68

税金の額にも影響するので注意！

［チェックする］消費税の間違えやすいポイント

消費税が課税されるかどうかの処理は、税金の額に直接影響しますので、しっかりチェックしなければいけません。ただし、消費税が原則課税（売上と経費から納税額を計算）、簡易課税（売上のみから納税額を計算）によって、売上と経費の両方で消費税をチェックしなければいけない場合、売上のみをチェックすればいい場合があります。自社がどちらかを確認しておきましょう。

売上

消費税の対象となる売上は、「国内で事業として対価があるもの」です。海外に対する売上は免税売上となります。「対価がある」とは、こちらがモノを売ったり、サービスを提供したりしているかどうかを意味します。たとえば、保険金、損害賠償金、還付金、助成金・補助金・給付金・協力金などは対価がないものですので、消費税の対象となりません。保険金や助成金等は金額が大きくなりますので、気をつけましょう。

次に経費関係を見ていきます。消費税が原則課税の場合のみ影響があります。

メリット
安全性
環境作り
コミュニケーション
3ステップ経理術
会社の守り方

海外関係

海外へ払うものは、基本的に消費税対象外です。国際電話、国際線航空運賃、国際郵便などには消費税がかかりません。クラウドサービスにも海外へ払うものがあります。海外のようで、日本法人に払っているものもあるので気をつけなければいけません。リモート経理でクラウドサービスを使うことも増え、海外へ払う場合も増えてきます。

Google広告（旧Google AdWords）の広告費は、Googleの日本法人に払っているので課税対象です。Googleから受けとる広告収入のGoogle AdSenseはGoogleが日本法人ではないため、消費税はかかりません。同じようなものでもYahoo! JAPANに対するものは、ヤフー株式会社が日本法人なので消費税の対象となります（課税売上割合が95％未満の場合、海外取引の扱いは異なります）。

軽減税率

食品（店での飲食や酒類等は除く）や新聞（週2回以上発行）は、軽減税率で、8％となります。他の10％の取引とは分けて記録しましょう。

家賃

家賃については、用途によって消費税の課税が決まります。オフィスなどの事業用なら課税、社宅などの居住用なら課税対象外です。駐車場は事業用、居住用問わず課税となります。居住用マンションを事業用として借りた場合も課税です。サテライトオフィス（会社と自宅とは別の拠点）を借りたときも気をつけましょう。土地は、課税対象外です。

交際費・福利厚生費

交際費・福利厚生費で、モノを買ったりサービスを利用したりした場合は、原則的に消費税の課税対象となります。ただし、「ビール券、商品券」「香典、お祝い金など（お金を直接渡す場合）は、消費税の課税対象外です。

売却した場合

モノを売却した場合の消費税は、売却価格が対象となります。損をしたかどうかは関係ありません。たとえば、帳簿上で１００万円の車を60万円で売った場合、40万円損していますが、損得に関係なく60万円に対して消費税がかかります。

保険料

生命保険、損害保険など保険料を支払った場合（経費にできるもの）、逆に保険金を受け取った場合（収入として計上すべきもの）は消費税の課税対象外です。節税も視野に入れた保険に入った場合、法人税等は節税できても、消費税には節税効果はありません。損害賠償金を支払った場合、損害賠償金を受けとった場合も、消費税の課税対象外となります。

Section 69

限度額を決め、積極的に投資する

〔チェックする〕リモート経理ならではの経費とは？

リモート経理、リモートワークによって新たな経費も出てきていることでしょう。たとえば、自宅で仕事をしながらとった食事は経費になるのでしょうか。

答えは「経費にするのは難しい」です。

会社に行かないとしても、食事は必ずとるものでしょう。リモート飲み会を会社で開き、実費で負担することはできます。

リモートワークには環境整備が欠かせません。その環境作りを各社員の負担でやることも考えられますが、会社全体の効率化を図るために、積極的にサポートしていきましょう。

リモート経理は無料でもある程度進められますが、投資も必要です。リモート経理の重要性を考え、投資をしておきましょう。環境整備のための経費ももちろん認められます。

従来、経費にしたものは、会社にあるという前提でした。「仕事は会社でやる→仕事用のものは会社にある」という認識です。しかしながら、リモートワークではその前提が崩れます。誰の家に何があるかを一覧にして、いつでも確認できるようにしておきましょう。

交通費、人件費、オフィスの家賃等、リモート経理導入にあたってなくせる経費もあります。その分を新たな投資に充てましょう。

図18のように**リモートワーク関係の経費は1つにまとめて見やすくしておきましょう。**少なくとも会計データからリモート経理関連のものをとり出し把握しておくのです。

また、仕事に必要な経費のほか、リモート経理でかかった通信費や電気料金を手当として払うと、原則として給料に所得税がかかります。ただし、1か月のリモート経理の日数や仕事に使っている部屋の床面積などから、実費に相当する金額を計算して精算するなら、所得税はかかりません。

図18　リモート経理で経費にすべきもの

- パソコン、ディスプレイ、マウス、キーボード
- ルーター
- スマホ（通信料含む）
- 会計ソフト
- 机、椅子、照明
- マイク
- インターネット環境
- クラウドサービス
- 給与計算ソフト
- Webカメラ
- スピーカー

Section 70

先が見えない時代だからこそ、慎重に

［チェックする］決算予測はポジティブ・ネガティブで考える

リモート経理で特にチェックしたいのは今後の数字の動きです。

- 決算の着地点を予測（決算予測）
- 納税額の予測
- 資金繰りの予測

こうした予測が欠かせません。先が見えない時代ですので、現状把握だけでは足りず、数字の予測がますます重要となってきます。経理は、過去のものを処理することがほとんど。しかしこれからは、まずは今、そして未来を扱うようにしていきましょう。

その月の業績だけを出すのが、経理ではありません。予測といってもなかなか経理担当者だけでは難しいこともあるでしょう。

だからこそ会計ソフトのデータをExcelで加工し、Excel上で数字を入れて予測金額が変えられるようにしておきたいものです。

たとえば、3月決算で、12月の数字までがある状態なら、1、2、3月は予測の数字を入れて、4〜12月と1〜3月を合計すれば、3月の着地点を予測できます。

決算の着地点利益が3000万円と予測できれば、その3000万円から法人税等の納税額は予測できます。**ざっくり計算するなら、利益に40%をかけておきましょう。**

消費税については、原則課税で税抜経理の場合、利益＋消費税がかからない経費（給与、法定福利費、保険料、租税公課等）を加算し、10%をかければ計算できます。Excelに数式を入れておき、さっと計算できるようにしておきましょう。

資金繰り予測は、まず資金繰り表を作り、その実績で計算すれば大丈夫です。大きな入金、支出はその都度入れ、投資の予定、返済や借入についても反映していきましょう。

社長やその他の社員と打ち合わせをし、その場で数字を変えながら決算予測、納税予測資金繰り予測をやっていきましょう。経理担当者だけで予測すると、絵に描いた餅になりがちです。会社全体で今後のことについて話し合いチェックしましょう。

その際に楽観的なシナリオと悲観的なシナリオの双方を見ておきたいものです。往々にして**営業担当者の予測は楽観的であり、経理担当者の予測は悲観的**になりがちですので、社長は全体でそのバランスをとるようにしましょう。

今後も状況の変化は必ず起こるものですので、先の予測は欠かせません。数字のチェックは当月だけではなくその先もあることを心しておきましょう。

Section
71

リストは日々アップデート！

［チェックする］リモート経理のチェックリストの作り方、使い方

数字のチェックをすばやく行うにはチェックリストが欠かせません。チェックリストを自ら作ってチェック項目を随時改善しながら使っていきましょう。

勘ではなく、チェックリストで「ここだけはチェックする」という項目を作っておいたほうが効率的です。チェックリストもデジタル化、ペーパーレス化したいものです。

チェックリストを作るのにオススメなのはGoogleのGoogle Keepです。無料で使えるメモソフトですが、チェックボックスをつけることができるので、チェックリストにも使えるのです。また、チェックした項目をリセットすることもできます。繰り返し使えるということです。

パソコンで編集して、スマホでチェックすることもできます。このチェックリストを日々磨いていきましょう。

他の場面でも次のようなチェックリストを作ることができます。

● 経費を提出する前のチェックリスト

- 新規顧客契約時の経理面からのチェックリスト
- 社長が数字をチェックするときのチェックリスト
- 節税のチェックリスト
- 決算のときのチェックリスト

それぞれが自分に合ったチェックリストを持って運用するのが理想です。

「現場の声」を反映する

経理担当者だけがチェックするのではなく、その前段階で、現場でもチェックしておきましょう。経理担当者だけではミスが見つからない可能性もあります。ミスを見つけるために多大な手間がかかることもあります。

チェックリストを自分で作りチェックする文化を会社の中に広めていきましょう。

Section 72

3つのボトルネックを解消する

［チェックする］リモート経理で決算するコツ

「日々の経理であればリモートでできるかもしれないが、決算は無理だ」と思われる方もいらっしゃるかもしれません。だからこそ挑戦する価値があるのです。

そもそも決算になぜ時間がかかるのかを考えてみましょう。理由は大きく3つあります。

1つ目の理由は、月次決算が遅れ気味になっているからです。月次決算が遅れると、当然、決算（年次決算）も遅れることになります。まずは、月次決算を見直していきましょう。月次決算の早期化の積み重ねが、決算（年次決算）の早期化につながります。月の中頃まで月次決算が遅れていると、毎月半分は月次決算にかかりきりです。

これを月の第5営業日までに、可能であれば第1営業日に月次決算を仕上げるのです。すると、毎月の余力ができます。次のことを徹底しましょう。

- 日々の取引（預金、カード等）は、連動させる
- 経費は第1営業日の午前中までに入力する

- 毎月第1営業日は月次決算の日として予定を入れない

月次決算のスピードを上げるコツ

月次決算の精度にこだわりすぎてはいけません。月次決算の精度を多少落としてでも月次決算のスピードは上げたいものです。精度を落としてもいいのは次の2つ。

- 請求書が届くのが遅い支払い
- 売上が確定しないもの

翌月に回してもかまいませんし、概算でもかまいません。一方、次の2つはどんなときも精度を落としてはなりません。

- すべての預金取引
- 金額の大きなもの（100万円以上など）

法定福利費（社会保険料の会社負担分）は、金額が大きく、月末引き落としなので、時期がずれがちです。未払いで入れましょう。

また、月末支払いの経費で、月末が土日だと、引き落とし・支払いが翌月になります。こういった

メリット
安全性
環境作り
コミュニケーション
3ステップ経理術
会社の守り方

ものでで金額が大きいものは、きちんとその月に入れるようにしましょう。

複雑な取引も月次決算が遅れる原因です。取引が複雑であれば経理も複雑になります。たとえば営業担当者のその都度の判断で決済条件などが変わってしまうと経理は複雑になり残高を合わせるのが大変になります。会社でルール化して、翌月末に決済してもらうと決めていれば、入金のチェックも楽です。

もっとシンプルにできないかを考えてみましょう。入金が滞ると経理も複雑になるものです。取引自体をシンプルにすることを会社全体で考えていきましょう。決算に時間をかけたとしても会社によいことはありません。あくまで過去のことだからです。

もちろん金融機関や税務署に対する見栄えの問題はありますが、決算こそ時間をかけないようにしましょう。

決算マニュアルを作る

２つ目の理由は、決算は年に一度だからです。これも効率が上がらない理由の１つです。去年の決算のことを人はそこまで覚えていません。決算のマニュアルやチェックリストを作ることをオススメします。マニュアル作成の要点は次の３つです。

- 仕事をしながら記録していく
- それを整理し、改善していく

● 気づいたときは必ずメモし、マニュアルに反映する（そのままだと忘れてしまい、また同じことでミスをするので）

そして重要なことは、「どういったことを決算でやっていたか」「気をつけなければならないことは何か」などを記録することです。それをもとにマニュアルやチェックリストを作ることもできます。こういった地道なことをやらずに、その場その場で対応していると、決算はいつまでたっても速くなりません。去年よりも効率よく、そして来年はもっと効率よくというように1年ずつ効率化していきましょう。決算のときに出社をせざるをえなかった場合も何日出社したのかを毎年記録していき、改善していきたいものです。

3つ目の理由は、「決算が大変」という諦めです。「決算を早く終わらせる」と本気でとり組まなければ、決算は効率化できません。その本気のとり組みがリモート経理なのです。

そもそも「決算」は過去の仕事にすぎません。その先にやるべき仕事があります。

リモート経理をきっかけに、月次決算の効率化を積み重ね、マニュアルやチェックリストを整備し、決算を効率化していきましょう。

メリット
安全性
環境作り
コミュニケーション
3ステップ経理術
会社の守り方

Chapter

6

リモート経理で「会社の守り」を固める

本章は、リモート経理の最大のメリット、「会社の守り」についてとり上げました。本章で紹介することをやるためにリモート経理を導入するわけです。会社の守りをしっかり固め、盤石の体制を築きましょう。

Contents

Section 73

備えあれば憂いなし

会社にとっての「最悪のシナリオ」を考えてみる

会社にとって「最悪のシナリオ」を考えてみましょう。具体的には、「売上が激減し、固定費の負担が重くなる」「社員が不安に思い、退職。残った社員の負担が激増」「業界全体が成り立たなくなり、仕事が消滅」「お金を借りようにも、金融機関のOKが出ない」などです。

帝国データバンクによると、新型コロナウイルス関連の倒産は、全国で955件（2021年1月まで）。業種としては、飲食店、ホテル・旅館、建設・工事業の順です。大和総研グループによると、2020年度の実質GDP見通しは、マイナス5・5％となっています。

2020年は、新型コロナウイルスによる影響を補填する給付金や融資がありましたが、今後もそれらがあるとは限りません。特に**融資は「返せるか」が大事であり、「返せない」と倒産します。**さらに倒産件数が増え、成長率が下がる可能性もあるでしょう。

会社は永遠に続くものではありません。少なくとも社長、上層部は肝に銘じておくべきです。リモート経理により会社を効率化し、会社の守りをしっかり固めておきましょう。

Section 74

無利息、長期間、手続き簡素化

コロナ融資は積極的に利用すべし

新型コロナウイルスの影響を受けた人向けに、金融機関も融資を拡大してきました。すでにその融資を受けた方もいらっしゃるでしょう。まだ受けていない方は、今後に備えて融資を受けることも検討してください。

その理由は先が見えないからです。

いざお金が足りないとなったときに、急にお金を借りるのはなかなか難しいです。2020年4月頃も融資はかなり時間がかかりました（夏頃には落ち着きましたが）。

事前に借りておけば、そのお金を使うことができます。

平時であれば、年商の50%、月商の6か月分が1つの指標です。しかしこのコロナ禍では、年商分を借りてもいいでしょう。何事もなければ、使わなければいいだけです。

コロナ融資は利息が低い

利息がかかるじゃないかと思われるかもしれませんが、コロナ融資の利息はかなり低く実質利息がかからないものもあります。

日本政策金融公庫の新型コロナウイルス感染症特別貸付は、4000万円を限度として融資後3年目までは、基準利率から0・9%低くなっています。

そのうち一部の対象者（売上高が1か月で20%以上減少した中小企業者など）はこれが実質無利子となります。

この特別貸付は日本政策金融公庫のほか商工中金、会社の所在地の役所経由で申し込むこともできますし、民間金融機関のコロナ融資を受けることもできます。

また小規模企業共済に加入している方は、これまでの掛金に応じた枠内で融資を受けることができ、それらは無利子です。

コロナ融資は返済期間も長いので、それほど負担なく借りることができます。

手続きも従来に比べて簡素化され、資料がなくても聞きとりだけですむこともあり、日本政策金融公庫では、新規取引の場合面談が必要ですが、書類の郵送と電話連絡だけで融資が実行されることもあります。

いざというときの備えとして融資を受ける選択も考えてみましょう。

Section
75

ざっくりでもいいので把握すべし

資金繰りは10年分を見ておく

会社が生き残れるかどうかは手持ちのお金次第です。その動きを見るのが資金繰り表です。新型コロナウィルスの影響による借入は、長期かつ巨額であることが多いです。融資を受けている場合は長期的に資金繰りを見ていきましょう。

今後10年の資金繰り表をざっくりと作ってみるのも手です。融資の返済は据置期間もありますので、それらを反映しつつ10年分の資金繰り表を作ってみましょう。ざっくりとでもいいので売上、利益の予測を立てて、その利益の分がお金として入ってくると計算します。

たとえば4年たっても状況が変わらない、もしくは資金繰り的に悪化することが見込まれれば、早めに手を打っておかなければいけないわけです。次ページの図20の場合は、残高が1000万円を下回る2024年をめどに借入をしておいたほうがよさそうです。

新型コロナウイルスの状況も見えにくいのですが、「このままの状況が続けば」という前提で考えておくべきでしょう。仮に新型コロナウイルスが終息したとしたら会社の存続確率はより上がるわけです。

メリット
安全性
環境作り
コミュニケーション
3ステップ経理術
会社の守り方

図20　資金繰り表を見て、借り入れを検討する

	A	B	C	D	E	F	G
1				2021	2022	2023	2024
2	年初残高	①		30,000,000	22,000,000	15,000,000	12,000,000
3	入金	②		6,000,000	6,000,000	6,000,000	6,000,000
4	支払	③		4,000,000	4,000,000	4,000,000	4,000,000
5	営業CF	④	②-③	2,000,000	2,000,000	2,000,000	2,000,000
6	売却	⑤					
7	投資	⑥		5,000,000	4,000,000		
8	投資CF	⑦	⑤-⑥	-5,000,000	-4,000,000	0	0
9	借入	⑧					
10	返済	⑨		5,000,000	5,000,000	5,000,000	5,000,000
11	財務CF	⑩	⑧-⑨	-5,000,000	-5,000,000	-5,000,000	-5,000,000
12	CF合計	⑪	④+⑦+⑩	-8,000,000	-7,000,000	-3,000,000	-3,000,000
13	年末残高	⑫	①+⑪	22,000,000	15,000,000	12,000,000	9,000,000

1000万円を
下回ってしまう

	A	B	C	D	E	F	G
1				2021	2022	2023	2024
2	年初残高	①		30,000,000	22,000,000	15,000,000	12,000,000
3	入金	②		6,000,000	6,000,000	6,000,000	6,000,000
4	支払	③		4,000,000	4,000,000	4,000,000	4,000,000
5	営業CF	④	②-③	2,000,000	2,000,000	2,000,000	2,000,000
6	売却	⑤					
7	投資	⑥		5,000,000	4,000,000		
8	投資CF	⑦	⑤-⑥	-5,000,000	-4,000,000	0	0
9	借入	⑧					20,000,000
10	返済	⑨		5,000,000	5,000,000	5,000,000	5,000,000
11	財務CF	⑩	⑧-⑨	-5,000,000	-5,000,000	-5,000,000	15,000,000
12	CF合計	⑪	④+⑦+⑩	-8,000,000	-7,000,000	-3,000,000	17,000,000
13	年末残高	⑫	①+⑪	22,000,000	15,000,000	12,000,000	29,000,000

2024年に借り入れを
しておけば、安心

借入金の残高が減ってきたら、折り返し融資も考えましょう。新規にまた借入を申し込むよりも、借りやすいのが特徴です。

１億円借りていて、残高が５０００万円程度になってきたら、それを一括返済して、１億円をまた借りることもできます。金融機関には、その間も決算書を提出しつつ、連絡もとっておきましょう。

逆に、新型コロナウイルスが終息すると予測していたにもかかわらず、そうならなかったときは大きな軌道修正が必要です。現実的かつ悲観的になりすぎないバランスで資金繰りを考えていきましょう。中長期的な視野で考えることがより大事になってきました。

緻密なシミュレーションは必要ありません。ざっくりとでも作ることが欠かせません。

なお、金融機関からどのくらい借りることができるかの目安を確認しておきましょう。

１つは、**借入金月商倍率**。月商の６か月分が目安です。月商が１億円だと、１億円×６か月＝６億円が融資を受ける限度となります。

もう１つは、**債務償還年数**。借入金を営業利益に減価償却費を足したもので割ります。「営業利益＋減価償却費」を実質的な返済能力とみなし、何年で借入金を返せるかを示す指標です。10年以内が目安となります。「営業利益＋減価償却費」が１０００万円なら、１０００万円×10年＝１億円が融資を受ける限度です。

これだけで決まるわけではありませんが、数値として意識しておきましょう。コロナ融資でこれらを超える借入をした場合も、できる限り適正な範囲に戻せるようにしておきたいものです。

Section 76

減価償却費や借入の返済にも注意！

生き残るための売上と粗利を明確に！

アフターコロナにおいては、会社の数字を前期と比較しても、ほとんど意味がありません。もちろん業績が上がっている場合もあるでしょうし、比較に意味がある場合もありますが、新型コロナウイルスの影響により業績が大きく下がっているのであれば、あまり意味がありません。

ただ、どの経費が下がっているかの分析は必要です。そして、最低限必要な売上、粗利を下回っていないかは、厳しくチェックしましょう。

会社が生き残るために必要な売上、粗利を常に意識しておかなければいけません。たとえば固定費が月に1000万円かかっている場合、必要な粗利は1000万円です。

もしこの会社の粗利率が50％だったら2000万円の売上が必要になります。そこを下回ると、今のお金が目減りするわけです。

この場合、減価償却費や借入の返済があると計算のしかたが少し変わります。固定費が月に1000万円、減価償却費がそのうち100万円、借入の返済が200万円だとしたらどうなるでしょう。

固定費1000万円－減価償却費100万円＋借入返済200万円＝1100万円が必要な粗利であり、2200万円の売上が必要になります。

減価償却費は実際にお金が出ていくものではありませんので、こういったときは固定費から除いて考えます。固定費に加えて、融資の返済があるのであればその分は上乗せして考えなければいけません。利益が出ていたとしても、融資の返済金額が大きすぎると会社は生き残れないのです。

会社存続に必要な売上高を減らす方法は「固定費を減らす」「粗利率を改善する」の2つです。

たとえば、固定費が月1000万円かかっていて、必要売上高が2000万円の場合（粗利率50％と仮定）、固定費を月800万円に減らせば、必要売上高は月1600万円（800万円÷50％）。売上は400万円も少なくていいのです。

粗利率でも考えてみましょう。前述の例で、粗利率が50％から60％になれば、固定費が同じ月1000万円でも、必要売上高は1600万円ほど（1000万円÷60％）です。

粗利率が改善できれば、無理に売上を増やさなくてすむので、ビジネスモデルの転換や新しい売上の柱を作る時間を確保できます。

Section
77

経営数字は「率」で見るべし

絶対におさえておくべき3つの数字

新型コロナウイルス後の世界では大きな変化があり、また今後もしばらくは変化が続くはずです。そんな中でどんな数字を見ればいいのか。

数字の絶対額は小さくなる可能性がありますし、前年との比較も意味がない可能性もあります。そんなときには率を見ましょう。絶対額ではなく、率であればいつの時代でも普遍です。

①粗利率（売上総利益率）

売上総利益（粗利）÷売上高

会社の利益の源泉です。原価がないビジネスの場合は売上＝売上総利益となります。適正な粗利率は、業種により異なります。

②総資産利益率（ROA）

経常利益÷総資産

経営の効率を示す数値であり、10％程度が望ましいものです。総資産とは、預金（お金）、売掛金、商品（棚卸資産）、建物、土地等の合計をいいます。

ＲＯＡが高いとは、少ない総資産で利益をあげているといえます。ＲＯＡが低いということは、同じ総資産で利益があがっていないといえます。同じ利益１０００万円でも、総資産１億円であげるのと、総資産５０００万円であげるのとでは、後者のほうが効率はいいわけです。

アフターコロナに求められることの１つは経営の効率。利益をどんどん増やしていく、売上をどんどん増やしていくだけではなく、効率よく稼ぐことが求められます。

③労働分配率

人件費÷粗利

粗利のうちどのぐらいの割合を人件費として払っているかという数値であり、会社にとっては低いほどよく、50％程度が好ましいといわれています（役員報酬の金額を含めるかにもよります）。

逆にいえば、同じ人件費でどれだけ粗利を稼ぐことができているかという数値であり、人件費に対する経営効率がわかります。アフターコロナは少ない人数で粗利をあげていくことが重要です。

Section 78

保険解約、事業撤退、補助金 etc

会社から出ていくお金を減らす9つのポイント

「会社から出ていくお金を減らせないか」を今一度考えてみましょう。これを機に会社をスリム化するためのポイントを9つお伝えします。

①固定費を削れないか

固定費を見て削れるものがないか、なくせるものがないかを考えてみましょう。オフィスの家賃もその1つです。移転するのはなかなか大変かもしれませんが、中長期的に考えて利益が出るのであれば決断すべきでしょう。

たとえば、移転に100万円かかるとしても、家賃が月10万円下がるなら、10か月で回収できることになります。移転費用が200万円でも20か月です。移転する価値は十分あるでしょう。リモート経理が進めば人が集まる機会が少なくなるので、家賃を下げることはできるはずです。

人件費に関していえば、退職を促すことはなかなか難しいのですが、定年が曖昧になっているのであれば制度を整えておきましょう。給与ルールの見直しもやっておきたいところです。

大きな金額を占める人件費も今はチェック対象となります。断腸の思いで決断せざるをえない場合もあるでしょう。

その他、定期的に払っているもの、内容がわからないもの、つきあいで始めたものなど細かいものも一度見直しが必要です。

②不採算部門から撤退できないか

部門によって大きく影響を受けているものがあればその部門からの撤退も考えたいものです。サンクコスト（一度出したコスト）をあきらめるのは難しいところもありますが、やはり中長期的に考えると決断はせざるをえません。コロナ禍では、対面、人が集まるビジネスは難しいものです。撤退基準として加えましょう。

ビジネスのルールは大きく変わりました。コロナ前は見込みがあったとしても、コロナ後は見込みがない、意味がないものもあります。対面しなければいけないもの、人が集まるものなどは、撤退を考える必要があるでしょう。

③不要な保険に入っていないか

会社で入っている生命保険を見直しましょう。どういった意図で入っているのか、今解約するとどうなるのか、払い済みにするとどうなるのかをチェックするのです。

生命保険以外でいうと、経営セーフティ共済に40か月以上入っている場合、解約金は100％戻ってきます。入っていることを忘れている方もいるかもしれませんので、確認してみましょう（保険料として過去の経費になっているので、決算書上はわからない場合もあります）。

④補助金・助成金等を受けとれないか

補助金や助成金、協力金などを受けとることができる場合もあります。中小企業基盤整備機構のホームページや会社の所在地の役所の情報を常にチェックしましょう。小規模事業者持続化補助金、IT導入補助金、雇用調整助成金などを確認しておきましょう。

補助金は予算が決まっていることが多く、一方で助成金、給付金、協力金は条件を満たせば受け取ることができるものです。補助金の申請は、特に気をつけましょう。

ただし、補助金の場合は、本当に必要かどうかも考えるべきです。たとえば、3分の2の補助があるとしても、一定の金額以上あるいは最低でも3分の1は自己負担となります。

⑤売却できる資産はないか

会社にもし資産があればそれを売却できないかも考えてみましょう。株式、ゴルフ会員権、建物・土地などの資産を見直し、売却するメリット・デメリットを比較しておくべきです。

⑥融資のリスケはできないか

もしどうしても融資の返済が厳しい場合は、リスケ（スケジュールを組み直し返済額を減らす、返済期間を延ばす）も視野に入れておきましょう。もちろんその後業績が回復するという条件付きではあるのですが、リスケができないわけではありません。

リスケの場合は、借入金の元本返済を減らし、その結果経営が改善し、借入金を完済できる計画を銀行に示さなければいけません。あくまで「返す」ことを目指すことが前提となります。

⑦税金を猶予してもらえないか

新型コロナウイルスの影響を受けて納税ができない場合には、所定の手続きを踏めば猶予してもらえます。何も手続きをせずに払わないことだけはやめましょう。また人件費に関連して大きな金額となりえる社会保険料も猶予の手続きをすることができます。

⑧前期に払った税金を返してもらえないか

法人税について、前期は納税、当期はマイナスで納税なしの場合、前期に納税した分を返してもらえる制度（欠損金の繰戻しによる還付）があります。

たとえば、前期の利益がプラス１０００万円、当期がマイナス５００万円で、前期に３００万円の税金を払っていたら、３００万円×５００万円÷１０００万円で、１５０万円が戻ってきます。

⑨利率の高い借入をしていないか

お金を集めるためとはいえ、できる限り避けたいものもあります。オンライン融資は、手軽なのですが、利率が高いので、まずは通常の融資を狙いましょう。

通常の融資が利率1～2％なのに対して、オンラインは最大14・8％というところもあります。AIによる審査をするサービスも0・9～12％というように、やはり最大の利率は高いです。私の会社を試しに審査してもらったところ、5・3％でした。この利率では借りません。

気をつけなければいけないのは、ビジネスローン、カードローンも同様です。銀行が提供するものも、利率を注意深く見ましょう。手間がかかる通常の融資は、その手間がかかるデメリットの分、利率が低いというメリットがあります。

Section 79

下手をすると、損をすることも

役員報酬の下げ方と注意点

経費を減らすために役員報酬を下げる。こう考えている方もいるのではないでしょうか。

しかし、役員報酬を変えてはいけないという法律上のルールがあります。**原則として役員報酬は増減させてはいけません。** 法人税がかかるからです。

たとえば、月50万円の役員報酬を払っていて、それを70万円に変え、3か月間払うとします。この場合、差額の20万円×3の60万円は法人の経費にできません。そして法人税率が30%とすると、18万円の税金が追加でかかります。役員報酬を上げることもできますが、税金上は損をします。

また、月50万円の役員報酬を30万円に下げた場合は、「もともと30万円の役員報酬を50万円に増やした」という考え方をします。この場合は、50万円－30万円＝20万円×3の60万円が法人の経費にできなくなります。

役員報酬を増やしたいのであれば事業年度が始まってから3か月以内に決定すること、そして役員報酬を減らすのであれば、著しく業績が悪化した場合のみと決まっています。

では「著しく業績が悪化した場合」に、新型コロナウイルスで受けた影響が該当するかどうか。

明確にどのぐらい減ったら認められるかという基準はありませんが、**月の売上が新型コロナウイルスにより30％以上減っていれば、「著しい悪化」といえる**でしょう。その場合、「税務署に届け出る」手続きは必要ありません。

「株主総会で役員報酬を下げることを決めた」という議事録を作っておけば十分です。なお役員報酬を下げた場合、源泉所得税は計算上、その下げた月から変更となりますが、社会保険料は原則として役員報酬を下げてから4か月目から変更することとなります。この場合は年金事務所に届け出をしなければいけません。

なお、役員のボーナス（役員賞与）も経費になりません。ただし、「支払う時期」「支払う金額」を期限までに税務署に申告した場合には、その金額は経費になります（事前確定届出給与といいます）。期限とは、原則として、事前確定届出給与を決めた株主総会から1か月以内です。

たとえば、１００万円を3月に出すと決めた場合、そのとおりに出せば１００万円を経費にできます。これが90万円だったり、１２０万円だったりした場合は、その全額（それぞれ90万円、１２０万円）が経費になりません。使い勝手が難しい制度です。

また、役員報酬を下げたい理由が「資金繰り上、役員報酬を払えない」のであれば、役員報酬を必ずしも下げる必要はありません。「払わない」こともできるのです。役員報酬を一時的に払わず、他の支払いを優先し、資金繰りに余力ができてから役員報酬を払うこともできます。役員報酬を下げると、議事録等の手続きも必要となりますので、「払わない」ですむなら、そのほうがいいでしょう。

Section 80

「いつ」「どこ」「いくら」を把握する

売掛金の回収リスクを減らそう

新型コロナウイルスによって、幅広い業種で業績が悪化しています。

特に気をつけたいのは売掛金の回収リスクです。

取引をして売上が立ったとしても、その入金が約束の日より遅れてしまうことも多くなるはずです。入金があったかどうかをこれまで以上にチェックしなければいけません。業績が落ちているわけですから、支払いも滞る可能性があります。

売掛金については、まず支払期限を明確にし、契約書または請求書できちんと明示しましょう。そして仮に期限までに入金がなかったら、翌日に必ず催促することも大事です。そうしなければ回収リスクは高まってしまいます。

裁判、法的手段に出たとしても、回収できるとは限らないものです。「払いなさい」と言われても払えないものは払えません。取引先が自己破産したらそれまで。**回収できないことを未然に防ぐほうが現実的**です。

また過去の売掛金を精査し、回収もれがないかどうかも今一度確認しましょう。

メリット
安全性
環境作り
コミュニケーション
3ステップ経理術
会社の守り方

たとえば売掛金が160万8225円だったとしたら、それがいつのものなのか、どこに対するものなのかを把握する必要があります。この管理が意外とできていないのです。今一度しっかり確認しておきましょう。

いつ入金があるかが決まっていない場合もあります。

「今月発行した請求書は、翌月末に入金される」というルールがない限り、残高をチェックできないのです。まずはルールを決めましょう。

経理担当者だけではチェックしきれない部分もありますので、営業担当者が入金を確認できるしくみも必要です。会社内で分散して、とりかかる価値があります。

freeeの機能を活用しよう!

会計ソフトfreeeには、請求した金額がちゃんと入金されているかをチェックする機能もありますので、利用しましょう。請求書をfreeeで発行すれば、その請求書ごとにチェックができ、入金と照合できます。これを最大限に活用するために、請求書のすべてをfreeeで発行することも大事です。経理の精度が高くなれば売掛金の管理はできます。

また**新規の取引先であれば、できる限り全額か少なくとも半額を前金にできないか交渉**したいところです。

売掛金の回収リスクを減らすために、支払手段を準備することも考えられます。振込だと忘れてしまいがちですが、カード決済にすればその可能性はなくなるでしょう。

ただしカード決済を導入すると、こちらが手数料を払わなければいけません。現在、手数料は約4％と決して安くはありません。

しかしながら、支払いがスムーズになり、カードだから利用をするお客様も増えることを考えると、費用対効果は期待できます。

インターネットを介してカード決済をすることに不安がある方、会社もあります。振込、カード決済の両方を準備して、選んでもらうのがいいでしょう。

またオンライン、インターネットで販売する販路も積極的に作っていきたいものです。その際にもカード決済がインターネットと非常に相性がよいものとなります。

仮に売掛金が回収できなかったらどうなるか。資金繰り的に手痛いダメージを受けることはもちろんですが、一定の条件を満たせばそれを経費にすることはできます。

しかし経費にできたとしても慰め程度ですので、やはり入金のリスク管理は絶対にやっておきたいものです。「仕事をしたが、その入金はない」などということはゼロにしましょう。

Section
81

未来のためにしっかり計上する

コロナ禍の損失を把握し、特別損失へ

新型コロナウイルスの影響による損失が生じていることもあるでしょう。その場合、通常の経費（販売費及び一般管理費）と分けて、特別損失に入れておく方法がよいやり方です。そうしないと、新型コロナウイルスの影響によるのかがわからないからです。

そもそも利益を表すＰ／Ｌ（損益計算書）は次のような構造です。

- 売上高－売上原価＝売上総利益（粗利）
- 売上総利益－販売費及び一般管理費＝営業利益（通常の営業を通じて得た利益）
- 営業利益＋営業外収益－営業外費用＝経常利益（営業利益に営業外の収益や支払利息などの営業外費用を加味したもの）
- 経常利益＋特別利益－特別損失＝税引前当期純利益（経常利益に臨時的な利益や損失を加味したもの）
- 税引前当期純利益－法人税住民税及び事業税＝当期純利益

このうち、新型コロナウイルスによる損失は「特別損失」になります。

この特別損失について、国の厳密なガイドラインはありません。社長、経理担当者、社員で、「これはコロナの影響」というものをピックアップしていきましょう。

- 新型コロナウイルスの影響により撤退した事業があれば、その撤退費用
- リモート経理のための一時的な支出（経常的なものを除く）
- コロナ禍によるオフィス移転、撤退費用

具体的にはこうしたものがあります。数字でも考えてみましょう。

新型コロナウイルスによる損失（販売費及び一般管理費として計上）が3億円あり、その結果、経常利益がマイナス1億円、税引前当期純

図21　コロナ禍の損失は「特別損失」に！

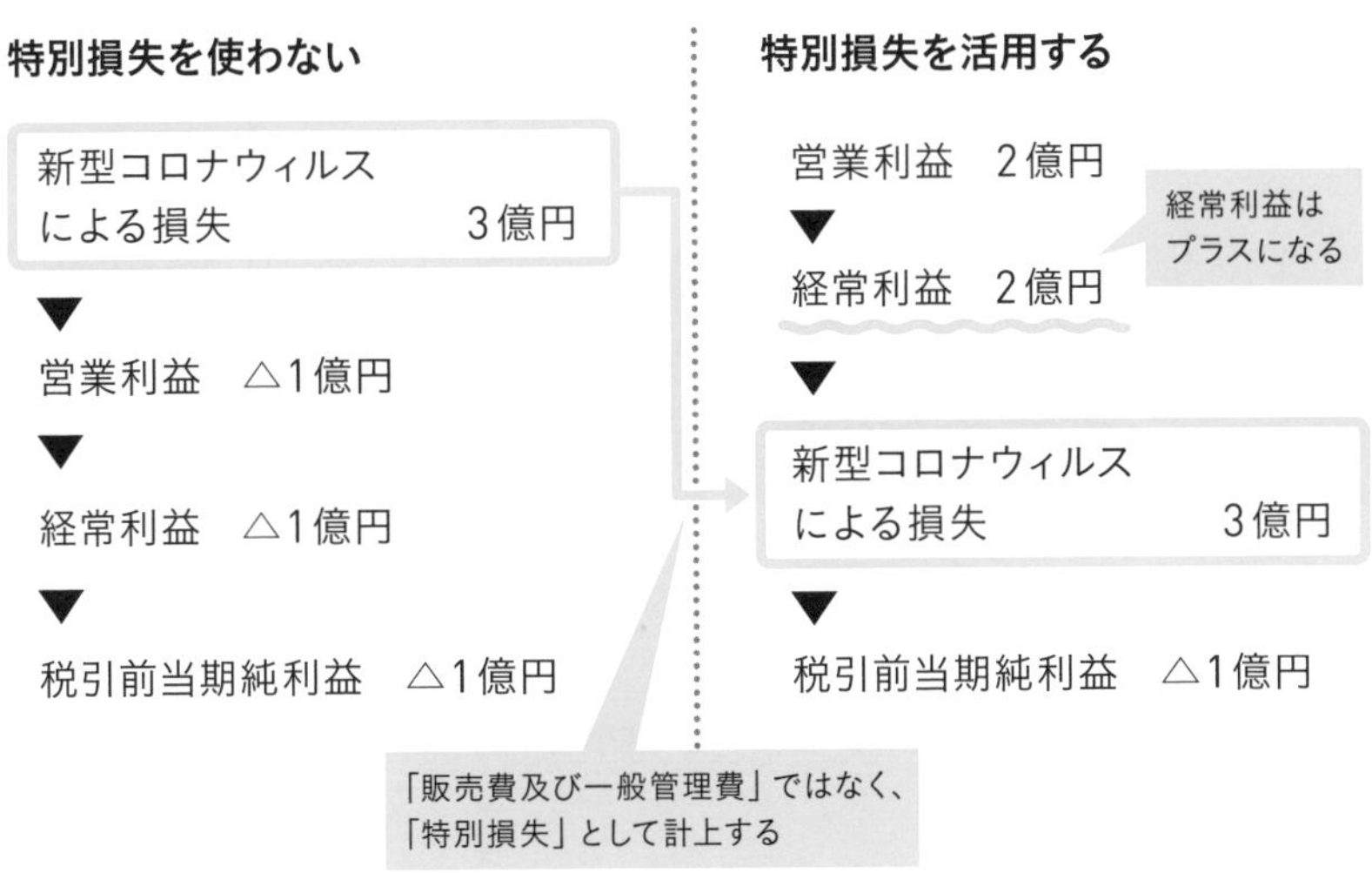

利益がマイナス1億円だったとします。

この場合、特別損失に新型コロナウイルスによる損失（3億円）を持っていくと、経常利益はマイナス1億円に3億円を足した2億円となります（税引前当期純利益は変わらずマイナス1億円）。

金融機関は基本的に経常利益で業績を判断する場合が多いので、その対策のためでもあります。会社としても新型コロナウイルスにより損失を分けて考えることにより、次なる手を打つことができるはずです。

新型コロナウイルス2年目となるときに、どういった手を打つか。それを考えるためにも会社の数字を精査してみましょう。

Section 82

誤解が多いポイントを解説！

今こそチェック、節税の超基本

税金、そして節税については常に意識しておきましょう。

新型コロナウイルスの状況下では損失が増える場合もあれば、業態変換や固定費削減、または思わぬ需要により利益がプラスになることもあります。

それは新型コロナウイルスの2年目以降にも起こりえること。節税に関してはやはり確認しておきたいものです。

まず「絶対に脱税しない」と決めましょう。脱税とは具体的には次の2つを指します。

- 売上をなかったことにする
- 存在しない経費を入れる

これらは故意にしろ、故意でないにしろ、やってはいけません。節税と脱税は紙一重。一度でも脱税をやってしまうと後戻りできません。

健全に節税をするためには、「何が脱税かを意識する」のも効果的です。節税のポイントは次の5つです。

①売上と経費を正確に経理する

その事業年度の売上と経費を正しく経理することが節税の基本です。これを怠ってしまうと節税策も立てることができません。

先の見えない時代に対応するのがリモート経理です。そのために、正しい「今」を把握することの重要性が増しています。正しい経理をより一層心がけましょう。

たとえば3月決算で3月に売り上げたが、まだ入金されていないものは3月決算までの売上となりますし、同じく3月決算で3月に入金があったがそのサービスを提供するのは4月であれば4月（翌事業年度）の売上となります。

経費に関しても同様です。3月に払ったが納品が4月以降なのであれば、4月以降の経費となりますし、3月に払っていないが4月に使い始めたモノは、この事業年度の経費となるのです。

また経費をもれなく計上していることも重要です。節税には多くの方が関心を持っているのですが、実はこの経費がもれているケースも少なくありません。

②一時的な節税に注意する

節税と一口にいっても一時的な節税には気をつけましょう。

たとえば生命保険に入って1000万円を経費にすることができたとしても、その生命保険を解約して戻ってきたときには利益として税金がかかります。今払うのか、戻ってきたときに払うのかの違いだけなのです。

もちろんその生命保険が必要なのであれば問題ありませんが、そうでないならばムダな出費となります。

③決算間際にモノを買う

決算間際にモノを買うのは、半分正しくて半分間違っています。本当に必要なものであれば当然買うべきです。しかし、節税の為に不要なものを買っては本末転倒です。

ただリモート経理への投資は積極的にやっておきましょう。もし利益がマイナスとなっても、それを繰り越すこともできます。30万円以上のものについては一括で経費にすることができず、減価償却でちょっとずつ経費にしていきます。

たとえば40万円のパソコンを買ったら4年で経費にするので、最初の年に経費にできるのは20万円（率をかけて計算する定率法だと、40万円×0・5で計算）。そして減価償却費は月割にしますので、決算月に買ったとしたらその12分の1である約1万6000円しか経費にできません。

100万円の車を買ったとしても同じように考えます。決算月にもし買ったとしたら減価償却費分、かつ月割分としてしか経費にできないのです。

④節税のために行動しない

節税の大原則は「節税のために行動しない」です。

たとえば従業員の給料を上げると節税になるのですが、だからといって無計画に従業員の給料を上げるのはやめましょう。

リモート経理への投資も同様です。節税になるから買っておこうではなく、節税にならなくても必要かどうかという視点が不可欠となります。

⑤節税しすぎるとお金が貯まらない

節税しすぎになると会社にお金は貯まっていきません。1000万円の利益が出て、1000万円のものを買えば、利益がゼロになり税金はかかりません（最低かかる7万円ほどの税金と、ほかに消費税はかかります）。

税率を30％とすると1000万円利益が出て何もしなければ1000万円×30％の300万円の税金を払い、結果的に1000万円－300万円の700万円のお金が残ります。

税金は利益以上にとられることはありません。

税金を払わなければお金が貯まりませんので、節税しすぎには注意です。

利益が出て、税金を払うことをネガティブに考えるのはやめましょう。「利益を出してお金は増やしたいけど、税金は払いたくない」は残念ながらできません。

Section 83

胸をはって節税しよう！

コロナ禍でもオススメの節税策3選

オススメできる真っ当な節税は次の3つです。

①経営セーフティ共済

取引先の倒産等があった場合に掛け金の10倍までの金額を借り入れることができる制度です。月20万円までかけることができ、年払いも可能で、40か月以上払えば解約しても満額戻ってきます。払ったときは経費となり、節税となりますが、解約した場合は最大800万円（20万円×40か月）が戻ってきて、利益となります。解約のタイミングには気をつけましょう。

②社宅制度

会社が契約して社宅として提供し、入居者が賃料を10％程度（ケースにより異なります）負担すれば残りの90％ほどを会社の経費とすることができます。

リモート経理を実現するために、社宅制度を充実させ、自宅で働きやすい環境をサポートしていくことも考えていきましょう。

③従業員の給料を増やした結果の節税

前述のとおり、節税ができるからといって従業員の給料を増やすのはオススメしませんが、もし給料が増えていた場合は確実に申請しましょう。税務申告のときに計算してその明細をつければ、給料を増やした金額の15％または25％の税金を控除できます。ただし控除ですので、税金が発生していないと意味がありません。

- 前年度より継続して雇っている社員への給料等が前年度比で1・5％以上増加↓その増加額の15％の税金が減る
- 前年度より継続して雇っている社員への給料等が前年度比で2・5％以上増加、かつ一定の要件（教育訓練費が前年度比で10％以上増加、または経営力向上計画の認定）を満たす↓その増加額の25％の税金が減る

それぞれ、その事業年度の法人税額の20％が限度となります。

Section 84

コロナ禍だから続けるべき3つの投資とは?

「人、環境、ビジネスモデル」にお金をかける

コロナ禍により支出を抑える傾向が強まっています。しかし、未来に向けた投資を怠ってはいけません。投資すべきは次の3点です。

①人

社員に投資しつつ、10年後を見据えた採用も欠かせません。社員への投資とは、知識やスキルアップのための勉強代などです。コロナ禍であっても、組織の新陳代謝、年齢層ごとのバランス、既存の社員へのプレッシャーも考え、人材を採用しましょう。社長自身への投資も同様に欠かせません。

②環境

リモート環境への投資は惜しまず行いましょう。オフィスの撤退費用や不要になったものの処分費用も、「投資」と考えるべきです。「コロナが収まるかも」と淡い期待を持たず、まだ動いていないのであればすぐに動きましょう。この投資を怠ると、「人が辞める」「人が採用できない」につながりま

す。社員を守るためにも速やかに行いましょう。

③ビジネスモデル

コロナ禍でも会社は売上を上げ続けることができるか。この状態が続くとしたらどうなるのかを考え、ビジネスモデルの転換も視野に入れましょう。そのための投資も惜しまず行うべきです。

アフターコロナでは、人が集まることが難しい世界となります。「人が集まる必要がない」、オンライン、インターネットを使ったビジネスモデルを構築できないか検討しましょう。

飲食店をはじめ、対面ビジネスをされている方は、厳しい言い方をすれば、業種転換も視野に入れたいものです。ネットを使って食材や焼き鳥キットを売っているところもあります。ビジネスモデルの柱が複数あれば、大きなリスクヘッジになります。

そしてＡＩの脅威も忘れないようにしましょう。ビジネスモデルがなくなるのは、新型コロナウイルスをはじめとする感染症だけではありません。単純作業等、コンピュータにもできるビジネスは、今後厳しくなってくるでしょう。

Section 85

リモート経理なら怖くない

コロナ禍の税務調査はどうなる?

コロナ禍において税務調査はどうなるのか。税務調査は税務署職員が実際に会社を訪問し、請求書等の証拠や会計データ、実際には総勘定元帳という書類をチェックするものです。

リモート経理をしっかり進め、データを整理しておけば、税務調査も怖くありません。

紙の経理では、整理も十分できませんし、時間に追われてミスしがち。それが税務調査での指摘にもつながりがちです。

対面や訪問が新型コロナウイルス感染につながる可能性があることから、税務調査はより歓迎されないでしょう。原則として会社内で行うため、スペースが限られ、密集密閉となる可能性も高いです。

2020年10月から再開!

新型コロナウイルス後の税務調査は一時休止状態でしたが、2020年10月から再開しております。地域によって差はありますが、日数や人数を最小限にするといった対策がとられています。

今の状況が続くとなると税務署も税務調査のあり方を考えなければいけないでしょう。

書類やデータを事前に提出するといった法整備も進む可能性があります。

では、税務調査が入ったときにはどうするか。もともと税務調査とは任意のものですが、原則として断ることはできません。椅子の配置や人数の制限といった感染防止対策をしつつ、受けざるをえないでしょう。会社内にスペースがないのであれば、貸し会議室を借りてそこに書類を持ち込むこともできます。大事なのは税務調査が入らないだろうと考えないことです。

もちろん税務調査を意識しすぎて過度に怖がってはいけません。

税務調査があってもいいように日々の経理をやっておくのが大原則であり、これはアフターコロナも変わりません。

リモート経理であれば、業務フローも変わります。税務調査があったときにはそれらを説明できるようにしておきましょう。

リモート経理ができていれば、税務調査も怖くない

Section 86

相続問題も絡んでくる

コロナ禍だから考えたい事業承継。ポイントは？

会社は継続していくのが原則です。

人の命には限りがありますが、会社は社長（経営者）を代え、存続させることができます。

では今の会社の行く末を考えているでしょうか。

新型コロナウイルスの混乱の中、社長も1歳ずつ年をとっていくことは変わりません。

後継者をどうするかは常に考えておきましょう。

後継者として考えられるのは、家族と社員です。いずれの場合も、所有と経営を分けて考えましょう。社長が過半数の株を持ちつつ退任し（会長になることも含む）、会社の所有権を保ちつつ、経営する社長のみを変更することもできます。

家族に引き継いでもらうのが理想かもしれませんが、適性を見極めることも大事です。従業員も含めて、後継者候補を選び、中長期の視点で育てていきましょう。

「社長に万が一のことがあったら、会社がどうなるか」は常に考えておくべきです。自分の会社を大事にしたいからこそ今後のことを考えましょう。

事業を引き継ぐ事業承継は、社長の後継者を見つけることだけではなく株の問題もあります。ご自身の会社の株がどんな構成で誰が持っているかを今一度確認してみましょう。万が一の場合その株は社長の相続人に引き継がれます。

相続の基本を学ぶ

相続人とは基本的に配偶者と子です。たとえば、配偶者と子どもが2人いた場合、3000万円＋600万円×3人＝4800万円の財産までは相続税がかかりません。この財産には社長の預貯金、金融資産、不動産、そして会社の株も含まれるわけです。

会社の株以外の財産は明確に金額が決まっていますが、会社の株は金額が決まっていません。計算しなければいけないのです。ざっくりと計算すると**決算書のB／S（貸借対照表）の純資産の部の金額**（資本金にこれまでの利益の蓄積である利益剰余金を足したもの）になります。

たとえば資本金が1000万円で利益剰余金といわれるものが5000万円あれば合計の6000万円が株の金額となるのです。もし社長がその株をすべて持っていたとしたら、先ほどの相続税がかからない金額の4800万円を超えます。税金がかからないようにするためには生前に後継者に贈与しておく方法が1つです。

しかし相続税がかからないとしても、会社の株が問題となるのです。

たとえば、6000万円の株があり、他に預貯金が1000万円で合計7000万円の財産の場合は相続は大変です。預貯金は相続人が自由に使うことができますが、中小企業＝上場していない会社の株をもらったとしてもうれしくはありません。預貯金を引き継ぐ人と株を引き継ぐ人とで不公平感が生じてしまい、相続税とは別に相続の問題になる可能性があります。

会社の株を社長だけが持っていればいいのですが、社長の家族や親戚が持っている場合には、それがまた問題となります。おい・めいやおじ・おばであっても問題になることは多く、ときには兄弟・姉妹間でも揉めるものです。

このような状況では、会社の経営に携わっていない株主が、会社に「株を買ってくれ」と言ってくることもあります。コロナ禍で、お金に不安があるのは株主も同様です。「この株を買ってもらえれば……」と考える可能性もあります。

親戚が亡くなった場合にはその親戚の配偶者や子が相続することになり、さらに会社と遠い関係の方が株を持ってしまい、後々の憂いとなる可能性があるのです。

最近では、会社を設立する場合は株を社長1人が持つことも増えてきましたが、昔設立した会社は株を分散していることもあります。最悪なのは、過半数の株を社長以外の人が持ってしまうことです。過半数の株があれば社長をクビにすることもできるので、会社が大きな混乱に巻き込まれることになります。**社長とその後継者に株を集めておくことが求められる**のです。

ではそれをいつやればいいのか。

新型コロナウイルスでもし大きな損失があった場合、会社の株の金額も一般的には下がります。そのタイミングで株を買いとり、社長または後継者に集中する方法もあります。この災いを転じて事業承継対策も考えてみましょう。

Section
87

会社がいくらで売れるのかを知っておく

「会社を売る」選択肢もある

会社のシナリオを考える上でM&Aも意識しておきましょう。

M&Aとは会社を買収すること。

中小企業には関係のない大企業の話と思われるかもしれませんが、昨今はスモールM&Aといわれるような小規模なM&Aが広がってきています。今後を考えるときにM&Aも選択肢となる可能性はあるでしょう。

M&Aは悪いシナリオではありません。後継者がいない場合にも有効ですし、社員の生活を守るためにも、有力な選択肢です。交渉次第ですが、社員はそのまま残ることもできます。

どれくらいの金額で売れるのか？

ざっくりとどのくらいの金額で取引されているかというと、**1つの計算方法としては総資産（時価）＋営業利益の5年分**をもとにするものがあります。総資産が3000万円、営業利益が1000万円であれば、3000万円＋1000万円×5年で8000万円になります。他にも算定方法はありますし、相手次第なのでそれ以上にもそれ以下にもなりえます。借入金があるかどうかもポイントです。

買い手が欲しいノウハウや取引先があればその金額は上がることもあるでしょう。

一方、新型コロナウイルスで会社を買いとるチャンスも増えてきていると考えられます。もちろんこちらとしては資金が必要ではありますが、売りたいと思う会社も増えてきている以上、逆に買うチャンスも出てきます。M&Aに関する情報も常に集めておきましょう。

47都道府県に事業引継ぎ支援センターが設置され、ネット上にもストライク、バトンズといった中小企業を売買するような仲介サービスがあります。会社の存続を考える上では、後継者に譲ることとともにM&Aも選択肢として考えられるわけです。

おわりに

リモート経理で家族とお客様を守る

リモート経理はかんたんではありませんが、不可能でもありません。

私は完全リモート体制で、ずっと自宅で仕事をしています。

私がリモートを徹底しているのは、「自分がコロナにかかったら困る」というよりも、「家族を守るため」、そして「お客様を守るため」です。

諸説ありますが、新型コロナウィルスの感染拡大を防ぐには、「人と人との距離をとる」のがもっとも効果的です。

社員、そしてお客様を守るために、リモートワークができるなら率先してやるべきです。もちろんリモートワークができない仕事はありますが、経理は工夫次第でできます。

「難しいかどうか」と「不可能かどうか」は分けて考えるべきです。

不可能でない以上、チャレンジする価値はあります。

すでにリモート経理に挑戦して諦めた方もいらっしゃるかもしれません。

難しいのは当然です。新しいことをやろうとして、最初からうまくいくはずはありません。

本書は、完全リモートで書きました。原稿を書くのはもちろん自宅。打ち合わせはメールとZoom。原稿のやりとりもすべてデータです。iPadでペンを使いながら、原稿（ＰＤＦデータ）に修正を入れました。紙は一切使っていません。

編集を担当していただいたダイヤモンド社の中村さんのご尽力のおかげです。出版社と著者、双方が対応できなければリモートで本を書くことはできません。

前述した「守る」という話でいえば、もし「対面での打ち合わせが必須」という条件であれば、私は受けていません。

もちろん対面のメリットはありますが、リスクもあります。もし対面でなくても遜色なく仕事ができるのであれば、リモートで仕事を進めるべきです。

ぜひリモート経理を導入して、会社、社員、そして家族を守ってください。

２０２１年３月

井ノ上　陽一

勘定科目名	内容
旅費交通費	通勤交通費、移動交通費、タクシー代、宿泊費、駐車場代、ガソリン代、出張手当
通信費	スマートフォン利用料、固定電話代（ネット回線利用料）、ネット環境導入費用、SIM利用料、ルーター使用料、秘書電話サービス、切手代、郵便・Webゆうびん代、宅配便代
支払手数料	クラウド会計ソフト・Zoom・Dropbox・Evernote・ネットバンク・Microsoft365等の使用料、振込手数料、コンサルティングフィー、カード決済手数料、レンタルサーバー代、メルマガ発行システム代、ドメイン利用料、バーチャルオフィス利用料
新聞図書費（図書費）	新聞・雑誌購読料、書籍・電子書籍・Kindle Unlimited費、有料メルマガ購読費

※リモートワークにかかる経費を「リモートワーク費」とすることも可能

巻末資料

「あの経費って何で落とせばいいのかな」がひと目でわかる勘定科目事典

勘定科目名	内容
消耗品費	PC、PC ソフト、アプリ、PC 用品、机、いす、スキャナー、ディスプレイ、Web カメラ、マイク、スピーカー ※1組30万円未満のもの
交際費	贈答品、香典、祝い金、接待費、手土産、ゴルフ代
会議費	打ち合わせ費、カフェ代、会議室利用料
研修費（セミナー費）	セミナー代、Web セミナー代、動画・音声教材代、DVD 教材代
広告宣伝費	Web 広告費、HP 作成費、パンフレット代、ちらし代、DM 作成費

井ノ上　陽一（いのうえ・よういち）

1972年生まれ。

「経理業務の効率化」「会計とITの融合」を得意とする税理士。

公務員、税理士事務所、IT企業と、8年半にわたってあらゆる職場で働いた結果、「時間とお金のバランスをとるには独立しかない」と感じ、税理士試験に挑戦。見事合格し、税理士資格を取得。2007年に独立を果たす。

モットーは、経営判断に必要な「お金・会計・税金」を3点セットでわかりやすく伝えること。税理士業に加え、Excelやプログラミングを活用した経理効率化のサポートも行っている。Excelによる業務管理システムの導入とペーパーレス化の推進で、クライアントの「年間240時間分の業務」を削減した実績もある。クライアントの「めんどくさい経理を効率化したい」「ペーパーレス化を推進したい」「どこでも経理業務ができるようにしたい」というニーズに応え続けている。クラウド会計ソフトや給与計算ソフトの導入支援などにより、リモート経理導入のサポートも行う。

独立して13年、ほぼリモート体制で仕事をしている。嫌いなものは「手書き」「電話」「FAX」「ハンコ」。2020年2月下旬より、対面の仕事をすべてオンラインに切り替えた。自分のみならず、家族、そしてお客様を守ることにつながるリモート経理を強く推奨している。

仕事効率化について発信しているブログ、「EX-IT」は5000日近く毎日発信。「数字」「お金」「時間」「IT」に関する悩みを解決し、新しいワークスタイルを提案している。

著書に『社長！「経理」がわからないと、あなたの会社潰れますよ！』『新版 ひとり社長の経理の基本』（ともにダイヤモンド社）などがある。

ブログ「EX-IT」　https://www.ex-it-blog.com/
HP　https://www.inouezeirishi.com/

リモート経理完全マニュアル
――小さな会社にお金を残す87のノウハウ

2021年3月2日　第1刷発行

著　者――井ノ上陽一
発行所――ダイヤモンド社
〒150-8409　東京都渋谷区神宮前6-12-17
https://www.diamond.co.jp/
電話／03･5778･7233（編集）　03･5778･7240（販売）
装丁――三森健太（JUNGLE）
本文デザイン･DTP――岸和泉
本文イラスト――田渕正敏
校正――鷗来堂、加藤義廣（小柳商店）
製作進行――ダイヤモンド・グラフィック社
印刷――勇進印刷
製本――ブックアート
編集担当――中村明博

ISBN 978-4-478-11246-5